和谐校园文化建设读本

论初等教育

齐佳楠 孙 颖/编著

吉林出版集团股份有限公司

吉林教育出版社

图书在版编目（CIP）数据

论初等教育 / 齐佳楠，孙颖编著. — 长春：吉林
教育出版社，2012.6（2022.10重印）
（和谐校园文化建设读本）
ISBN 978 - 7 - 5383 - 8973 - 9

Ⅰ．①论… Ⅱ．①齐… ②孙… Ⅲ．①初等教育—研
究 Ⅳ．①G62

中国版本图书馆 CIP 数据核字（2012）第 116085 号

论初等教育
LUN CHUDEGN JIAOYU

齐佳楠　孙　颖　编著

策划编辑	刘　军　　潘宏竹		
责任编辑	张　瑜	**装帧设计**	王洪义
出版	吉林出版集团股份有限公司（长春市福祉大路5788号　邮编 130118）		
	吉林教育出版社（长春市同志街 1991 号　邮编　130021）		
发行	吉林教育出版社		
印刷	北京一鑫印务有限责任公司		
开本	710 毫米×1000 毫米　1/16　　**印张**　12.5　　**字数**　159千字		
版次	2012 年 6 月第 1 版　　**印次**　2022 年 10 月第 2 次印刷		
书号	ISBN 978 - 7 - 5383 - 8973 - 9		
定价	39.80 元		

编 委 会

主　　编：王世斌

执行主编：王保华

编委会成员：尹英俊　尹曾花　付晓霞
　　　　　　刘　军　刘桂琴　刘　静
　　　　　　张　瑜　庞　博　姜　磊
　　　　　　潘宏竹
　　　　　　（按姓氏笔画排序）

总 序

千秋基业，教育为本；源浚流畅，本固枝荣。

什么是校园文化？所谓"文化"是人类所创造的精神财富的总和，如文学、艺术、教育、科学等。而"校园文化"是人类所创造的一切精神财富在校园中的集中体现。"和谐校园文化建设"，贵在和谐，重在建设。

建设和谐的校园文化，就是要改变僵化死板的教学模式，要引导学生走出教室，走进自然，了解社会，感悟人生，逐步读懂人生、自然、社会这三本大书。

深化教育改革，加快教育发展，构建和谐校园文化，"路漫漫其修远分"，奋斗正未有穷期。和谐校园文化建设的研究课题重大，意义重要，内涵丰富，是教育工作的一个永恒主题。和谐校园文化建设的实施方向正确，重点突出，是教育思想的根本转变和教育运行机制的全面更新。

我们出版的这套《和谐校园文化建设读本》，既有理论上的阐释，又有实践中的总结；既有学科领域的有益探索，又有教学管理方面的经验提炼；既有声情并茂的童年感悟；又有惟妙惟肖的机智幽默；既有古代哲人的至理名言，又有现代大师的谆谆教诲；既有自然科学各个领域的有趣知识；又有社会科学各个方面的启迪与感悟。笔触所及，涵盖了家庭教育、学校教育和社会教育的各个侧面以及教育教学工作的各个环节，全书立意深邃，观念新异，内容翔实，切合实际。

我们深信：广大中小学师生经过不平凡的奋斗历程，必将沐浴着时代的春风，吸吮着改革的甘露，认真地总结过去，正确地审视现在，科学地规划未来，以崭新的姿态向和谐校园文化建设的更高目标迈进。

让和谐校园文化之花灿然怒放！

本书编委会

目 录

第一章　国际初等教育学制

第一节　美国初等教育学制

（一）沿革

殖民地时代的美国教育可以说是英国教育制度的移植，而且学校都是私立的，并受到教会的控制。

1634—1638 年间，马萨诸塞州法律规定，一切财产都需纳税，以所获税收开办包括学校教育在内的公共事业。这就开了以税收办学的先河。1642—1647 年间，马州又颁布了强迫教育的法令。

1642 年，马萨诸塞湾殖民地（Massachusetts Bay Colony）通过了一项法令，规定各镇官员必须查明家长是否履行了他们的教育义务，对那些忽视其义务者实行罚款。1647 年，该殖民地又通过了另一项法令，要求每个有 50 户人家的村镇必须建立一所初等学校。这些法令奠定了美国公立初等教育制度的基石。所有儿童必须接受强迫教育，这在近现代史上也是第一次。1647 年麻省法律规定有 50 户居民的村镇都要设立一年制初等学校。但从当时整个情况来看，初等教育的发展还是很落后的。

当时，北方设立的是以英国妇女学校（Dame School）为模式的读写学校(The Writing School)；中部和南方开办的是具有慈善性质的贫民初等学校(The Pauper Elementary School)。除此之外，还有根据以贫民为对象的学徒教育的有关法律开办的夜学(The Evening School)等。

当时作为殖民地的美国没有自己独立的教育体系，也谈不上完整的初等教育制度，只能是宗主国教育制度形式的不完全、非系统的反映。

独立以后，美国于 1785 年颁布的土地法明文规定，凡以后新建州，而且加入联邦的，政府便赠送一定数量的公地，各州可利用这些公地来设立学校。次年，即 1786 年美国通过了宪法的十条补充条款，规定宪法没确定的事项作为各州的保留权，可以自行处理。而教育则是宪法没被确立的事项。上述这些情况加上美国宪法上规定的宗教信仰自由，为美国教育沿着分权、世俗方向的发展创造了重要条件。

19 世纪 20 年代以后，在美国历史上曾被称为"教育觉醒时代"。此时，美国资本主义工商业发展迅速，公民的受教育权利在某种程度上得到确认。1834 年，宾夕法尼亚州率先制定了《学校法》(The Laws Of School)，在全美首先创立了公立小学。此后，许多州纷纷效仿，创办公立小学。到 1850 年，美国各州普遍确立起公立学校制度，为美国普及义务教育和培养输送人才发挥了巨大作用。积极倡办公立小学的麻州教育厅长贺拉斯·曼(Horace Mann，1795－1859)被称为"美国公立学校之父"。

美国公立学校的建立标志着美国独立的教育制度开始确立。此后，麻州于 1852 年，纽约州于 1853 年分别颁布了义务教育的法令，成为美国各州实施初等普及义务教育的开端。在相当一段时间内美国初等教育的学制为 8 年，而中学则为 4 年。1918 年美国实现了普及初等义务教育后，学制上有了重大变动，即从 8－4 制改为 6－3－3 学制，辅之以 8－4，6－6，6－2－4 学制的学校教育制度。小学基本上以 6 年制为主。儿童 6 岁入学，免费公立小学校占多数，私立学校虽有一定发展但仍占少数。

美国初等教育制度在第一次世界大战以后获得了迅速发展，其标志是①实施了征税办教育的重大举措；②消除了平民学校观念；③废止学捐和柴火费，实现学校的完全免费；④建立视导制度；⑤发展师范学校，培训教师；⑥建立分年级的教学制度；⑦消除了宗派主义。

这一时期，在美国教育史上称为扩充时期。由于采取了征税办教育的措施，包括初等教育在内的各级各类教育的经费有了持续稳定的保证，美国的公共教育制度得以建立。同时，普及义务教育开始被接受，平民学校就逐步地消除了。又由于实现了教会与学校教育的分离，消除了宗派主义，使美国有可能建立起在统一国家和民族下的公共教育系统。

19 世纪美国普及初等国民教育时创办的平民学校，是依照德国的模式，学制为 8 年。此后，由于经济与社会发展，在这种平民学校之上又建立了中学，学制为 4 年。1912 年美国全国教育协会（NEA）下设的经济教育时间委员会提出，小学 8 年过长，中学 4 年过短，这种状况不利于提高中小学教育质量。据此，该委员会建议将小学减少 2 年加到中学上，把中学又划分为修业期各 3 年的初中和高中。以小学为 6 年的 6－3－3 学制正是根据这一建议确立的。但是同时仍然有以小学为 8 年的 8－4 学制与之并行。1918 年美国实现了初等教育的普及后，6 年制小学逐渐成为初等教育的主要办学形式。儿童 6 岁入学，公立免费小学占多数，私立小学占少数。

（二）现行学制

现行美国初等教育学制是二战以后形成的。见美国学制图：

美国现行学制图

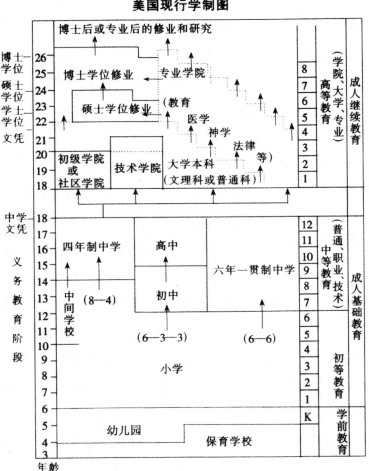

资料来源：Standard Education Almanac，1983—1984，Marquis Who's Who，Inc.，P. 9.

初等教育的目的是学制的深层因素。现代美国初等教育的目的反映在美国视导和课程编制协会撰写的《我们需要的小学》一书中。该书中对初等教育目的作了如下叙述：

1. 增进儿童的健康和发展儿童体格。小学的教育计划应该适应儿童体格的需要，应使身体缺陷儿童能够参加正规教育计划；

2. 增进儿童的心理健康和发展儿童的人格。小学的活动要能帮助儿童形成全面的自我概念。注意给儿童提供机会，使他们对所做的事情有成功的经验和成就感。努力创造一个把儿童的紧张程度减到最低的环境；

3. 形成儿童对社会和科学世界的理解。改进教学教育内容，帮助儿童理解环境，把儿童眼前世界带入未来的世界，让他们更好地理解遥远和抽象的东西。基本技能和知识的教授应能有利于儿童进一步的学习和今后更有效的生活；

4. 发展儿童有效参与民主社会的技能。注意引导他们及早参与集体生活，为儿童学习和参与民主社会生活的责任心创造情境，提供多样化的机会，培养他们责任心，学习自我引导和有效地与他人沟通；

5. 发展儿童符合民主生活的价值。这些价值是诚实、尊重个人人格、个人的和社会的责任心、思想言论自由、学习以及使用智慧的方法。社会争端、社会所关切的事情，是课堂经验的一部分，重点放在帮助儿童形成成为人类有价值的成员的内在动机上；

6. 通过创造性活动激发儿童的创造性。创造性的课堂应对使用各种各样办法解决问题，发表意见，与他人沟通发挥激发和支持的作用。[1]

美国实施初等教育主要的机关是 6 年制小学，同时还有部分 4 年制、5 年制和 8 年制的小学。美国的初等教育学制是多样化的。小学的入学年龄各州不同，一般为 6 岁。

中间学校的创办是二战后美国的初、中等教育学制的一次重要

---

[1] 《英国教育概况》，人民教育出版社，1979 年，第 29—30 页。

变动。

中间学校出现于20世纪60年代,目前全美50个州都办起了中间学校。建立这种中间学校是考虑到学生在小学后期和早期青年期的生理、心理等方面的特点,把5、6、7、8这4个年级组建成中间学校,以便更有效地进行教育和教学。

(三)改革探索

在二战以后初等教育的发展过程中,美国一些学者曾提出了许多值得注意的改革学制的建议。

美国西华盛顿教育学院教授保尔·伍德林建议初级小学(小学1—3年)不分年级教学;另一位美国教育家古德莱德则建议把4—16岁教育划分为三个阶段,即:

1. 初级阶段(含幼儿),4~8岁;

2. 小学阶段,8~12岁;

3. 中学阶段,12~16岁。

该建议可使学生提前2年结束中学学业,使中小学教育与义务教育法(法定学生离开普通中学年龄为16岁,而现行学制学生离校年龄为18岁)要求吻合,使中小学教育能更充分地考虑到现代儿童的特点,并能更好实现幼小、中小的衔接。

上述建议虽然没能付诸实现,但却丰富了对美国学制改革的构想,具有一定的参考价值。

自由学校与选择学校的出现日益影响初等教育,并成为初等教育学校制度变化的一个重要方面。

从20世纪60年代开始,随着人们对公立学校诸多尖锐的批评,美国出现了一些新型的中小学校。这些学校力图实施一种新的自由的、民主的、合作的和无结构的教育。这种学校名称不一，但基本的教育主张是一致的，以招收 3～14 岁儿童的圣巴巴拉社区学校为例，该校的办学思想是："自由是至高无上的善；人们，包括年轻的人们，有享受自由的权利，并且一般说来自由的人比被暗示、被操纵、被命令的人会更加开朗，更加仁爱，更加聪明。"①这类学校包括开放学校、无围墙学校、合作保育学校、新社区等。

20 世纪 80 年代美国在中小学兴起的一场"选择学校运动"，使公立学校实行开放入学，通过竞争促进学校教育的发展，改变公立学校日益严重的平庸现象和安于现状的局面。这一改革增加了家长和学生选择学校的自由度，这种自由度表现在：①打破按学区招生的传统办法，学生可以到其他学区学校上学；②特许教师和其他有志于办学的人开办和管理公立学校，允许家长和学生在原来公立学校和新公立学校之间进行选择。

选择学校打破了传统的招生办法，给家长和学生以选择的自由，也大大地刺激了公立学校的自我发展。自由选择也使教育的地方权力削弱，州一级教育行政得到加强，选择学校给教师以更多的自由和权利，它会对初等教育学制产生深远的影响。

第二节　英国初等教育学制

英国作为一个岛国，初等教育制度有着自己的特点。英国的初等教育与欧洲大陆不同，一直是在要素主义影响下发展的，它将传授基础知识和技能作为教育的目的。英国的初等教育制度又受到实用主义

---

① 马骥雄主编：《战后美国教育研究》，江西教育出版社，1991年，第41页。

的长期影响。

（一）沿革

16世纪宗教改革前，英国广大劳动者子女没有接受教育的权利，只有上层社会的子弟才能受到教育。只有教堂附设的天主教的学习场所，即读经班或唱诗班，才容纳贫苦儿童。

1534年，英国摆脱了罗马教皇的控制，建立了英国国教。国王集国家权力与教会权力于一身。从此，英国国教教会直接掌握教育，包括学校的设立、组织与领导。这以后便建立了教区学校，接收劳动子弟，这是英国初等教育的雏形。此后，由于传播宗教的需要，又出现了教会、私人和慈善团体开办的所谓慈善学校，这是一种初等教育的形式。从事初等教育的学校有乞儿学校、劳动学校、贫民日校、感化学校等。宗教和慈善团体自17世纪后期开始就在发展初等教育方面发挥越来越重要的作用。

18世纪是英国资本主义得以巩固，并经过工业革命获得很大发展的时期。由于经济、政治与社会发展的需要，在这一时期英国初等教育得到了国家的重视，有了新的发展。当时初等教育具有多样化的形式。主要有：

1. 主日学校

这种学校是1781年由传教士罗伯特·雷克斯创办的。招收贫苦儿童或童工，每个星期日到校参加宗教仪式，借此机会学习宗教知识和简单的读写知识。1803年，英国要求每个教区至少设立一所主日学校。

2. 私立学校

英国经济的进一步发展促进了私人办学现象的出现。当时主要有两种学校：

（1）普通私校（Common Private School），主要对象为适龄男童，教授读写算知识；

（2）妇女学校（Dame School），主要对象是女童，一般由妇女在自己家里开办，学习读写算常识，也教一些缝纫技能等。

3. 慈善学校

这一时期由于受法国卢梭民主教育思想和德国巴西多泛爱主义教育运动的影响，慈善学校的规模与数量有了进一步的发展。其重要标志是导生制学校和幼儿学校的产生。

（1）导生制学校是 1798 年英国非国教派传教士兰卡斯特（Tones Lancaster，1778—1838)在伦敦创立的。其特点是由教师先教学生年龄较大且成绩好者，即导生，然后由他再教给其他学生。这种学校招收贫苦儿童，教授读写算和教学问答。而同时在印度的英国国教派教士贝尔（Andrew Bell，1753—1832)也举办了类似的学校教学形式，并将其经验在回国后加以传播。在这种情况下，出现了由贵族和国教赞助贝尔组织的"贫民教育促进协会"和由资产阶级、新贵族、非国教派教士资助兰卡斯特组织的"全英及海外学校协会"，这两个组织于 1833 年都曾同时收到了国会的最初教育拨款。这两个组织的对立与竞争在一定程度上促进了当时初等教育的发展。

（2）幼儿学校是由工业资本家举办的一种慈善学校。这种学校形式是由空想社会主义者欧文（Robert Owen，1771—1858)在 1800 年始创的。当时规定，工人子女年满 2 岁即可入学，由专门教师进行养护教育。6 岁起学习文化知识。幼儿学校发展很快，成为一种运动。1824 年英国"幼儿教育协会"成立，进一步推动了幼儿学校的发展。

1833 年英国政府颁布了第一个工厂法。这部工厂法还特别作出了有关初等教育的规定。规定的内容有：

9—13 岁童工每天劳动 8 小时，不得超过 9 小时；

工厂内劳动的童工每天须保证有 2 小时的义务教育；

学习内容是读写算基本知识，宗教知识和一定的道德教育；

童工教育由"贫民法律委员会"（Poor Law Board）监管。

1844 年工厂法的补充规定要求，童工必须交上学证明。隔年，1846 年的工厂法又作出"工厂教育是强制性的，并且是劳动条件之一"的进一步说明。

上述工厂法是从作为统治阶级的资本家利益出发制定的，有深刻的局限性，但在当时还是推动了初等教育的发展，显示了教育与现代生产结合的可能性。

19 世纪中期以后英国逐步形成了自己独特的初等教育历史传统。正如英国利物浦大学教育学院的布莱恩在对英国初等教育进行社会学分析所指出的，英国初等教育的传统包括"基础教育"传统、"预备学校"传统，以及"注重儿童发展"的传统。"基础教育"传统和"预备学校"传统，实际上代表了 19 世纪下半叶开始形成的英国教育制度的双轨性质。"基础学校"（即而后的初等学校的前身）通常是指双轨制时期与公学、文法学校相对的教育体系，主要招收社会下层子弟，以就业为目的。"预备学校"则从属于公学和文法学校，它主要为社会中上层阶级子弟开设，以升学为目的。"注重儿童发展"传统，就是信奉通过教育可使儿童多方面的潜能得到发展的思想传统，这种传统对英国初等教育目的与目标设立产生了巨大影响。基础教育传统对于英国整个初等教育的发展最具影响力，预备学校、基础学校是二次大战前英国公立初等教育主要形式。因此，在论述英国初等教育的传统时，基础教育制度的形成及其特点应是一个重点。

英国 19 世纪下半叶开始形成的基础教育制度是与英国当时的社会

经济变革密切相关的。首先的一个外部促进因素就是工业革命影响。英国是西方最先开始工业革命的国家。工业革命的一个重要结果是日益兴起的工厂对受过训练的劳动力以及具备读、写、算能力的职员和技工的迫切需求。随着生产不断发展。分工日趋精细，程序更加复杂，对劳动者文化素质提出了一定的要求。在这种情况下，迫切需要通过学校为劳动人民子弟提供适当的基本技能教育，同时培养他们良好的生活习惯和工作态度，如自我控制、勤奋、严守作息制度等，这些被认为是工厂和办公室工作的重要条件。此外，当时对工人阶级子弟进行教育还有一个更为重要的目的，即维护社会根深蒂固的阶级划分结构，防止那些日益受到教育，政治意识逐渐觉醒的劳工的革命。

基于上述原因，英国基础教育制度恪守经济、实用和维护现存社会秩序的原则。1862 年英国枢密院教育委员会副主席罗伯特·洛厄主持颁布了《修正法规》，其目的就是为了确保教师所教的和学生所学的东西能符合这些原则。其中规定读写算教学是课程的核心，其基础学校在生活准则上表现出权威主义倾向，教师是课堂的中心，儿童只能顺从。课堂组织形式方面，一般都实施 50～60 人的大班教学。

1870 年英国"初等教育法"即"福斯特法"颁布（Elementary Education Act—Forster），标志着英国国民教育制度的正式形成。

该法主要内容有：

1. 国家拨款以资助初等教育，在缺少学校地区开办公立学校；

2. 全国划分学区（School District），由"学校董事会"监督学区的教育工作；

3. 各学区有权对 5～12 岁儿童实施强迫教育；

4. 承认教会举办的学校为国家教育机关；

5. 在学校里实施宗教与教学分离。所有接受国家补助的学校即公立学校（Board School）不能强迫学生上宗教课。

　　初等教育法的对象是劳动者子弟，该法及而后对它进行的各种补充都规定了家长送子女上学是义务，1880 年又实行了免费制，1893 年又规定 11 岁以下儿童必须入学。1899 年义务教育年龄提高到 12 岁。当时，公立学校获得了很大发展，同时存在着私人团体开办的学校。但初等教育从总体上说已是国家教育制度的一部分了。1899 年建立了教育署，加强了国家对教育的管理。

　　1902 年，巴尔福教育法（Balfour Education Act）出台。该法令废除了初等学校由学区董事会管理的办法，而改由郡议会、郡独立市建立地方教育局进行管理。这标志着英国形成了以地方教育机构为主体的包括国会、教育署和地方教育局在内的，以地方分权为主，又有中央权力的国民教育领导体制。

　　第一次世界大战结束以后，1918 年英国再次颁布了初等教育法令，即以当时文教大臣费舍（H. L. A. Fisher）命名的费舍教育法（The Fisher Act）。该法令对初等教育的规定有：

　　1. 禁止使用 12 岁以下的童工，并把童工劳动时间限制为 6 小时；

　　2. 义务教育年限扩大到 5～14 岁；

　　3. 初等学校分为两个阶段，即 5～7 岁阶段和 7～11 岁阶段。

　　由于经济与社会的发展、科学技术的进步和人人有权接受中等教育的教育民主要求，1926 年哈多爵士为主席的咨询委员会发表了《青年教育》报告，报告指出应将 11 岁以下儿童的教育一般称为"初等教育"，而将 11 岁以上儿童的教育一般称为"中等教育"。这样，《青年教育》报告的发表，标志着作为教育的一个阶段的"初等教育"概念正式得到了确立。

　　然而只是到了 1931 年，初等教育才受到特别的关注。在这一年，哈多委员会发表了《初等学校》报告，当时哈多委员会的职责范围是对适合于基础学校11岁以下儿童，特别是农村地区这类儿童需要的课程进行调查，并提出报告。哈多委员会的《初等学校》报告从根本上看是当时盛行的进步主义教育思潮在官方的反映，其中权威的教育哲学对它的影响尤深。

该报告同意1926年《青年教育》报告提出的以11岁为界，将教育划分为初等教育和中等教育的观点。报告指出，19世纪形成的以读写算为主的基础学校课程已逐渐为当时的实践所抛弃，初等学校作为教育制度中的一个独立机构被正式采纳，因此有必要对7～11岁儿童的课程进行新的探讨，而这种探讨要考虑到在当时经济和社会条件下初等学校对于影响一个人的生活所起特殊作用。该报告认为，初等学校的主要任务是提供儿童所需要教育。在编制初等学校的课程时，一方面必须要建立在幼儿学校的基础之上，另一方面要做好和中等教育的衔接。该报告特别强调向7～11岁儿童提供在这一特定发展阶段中对于他们身心和道德发展不可缺少的东西。此外，随着工业化的发展，社会生活的基础发生了变化，以阅读教学为主的学校应拓宽其教育目标的视野，转而教会学生如何生活。正是出于以上考虑，该报告提出了下述著名观点："应该根据活动和经验，而不是那些需要掌握的知识和需要贮存的事实去考虑课程。"

哈多委员会的《初等学校》报告是在《青年教育》报告提出的初等教育和初等后教育明确划分的基础上，总结了当时使传统的基础学校向现代的初等学校转变的那些心理学和教育学思潮，提出了更加广泛的初等教育目标，重视活动课程的设置。该报告的公布，为英国在初等教育中实施儿童中心教育创造了条件。

19世纪以来形成的基础教育制度的主要特征——狭隘的教育目标

和机械呆板的教学方式越来越受到冲击，初等教育的概念得到正式的确立，初等教育的目标日趋广泛，教育方法也逐渐更加多样化。

如上所述，基础教育制度的形成与19世纪社会经济政治背景是密切相关的。然而进入20世纪之后，这种制度开始受到了挑战。基础学校儿童所接受的那种狭隘的技能教育逐渐不能满足变化着的职业模式及其特征的需要。因为更多的体力劳动逐步实现了机械化，工厂主越来越需要雇员接受生产发展需要的特别训练。各种职业日益需要劳动者具备一定的文化素养，而不仅仅是一种通过长期学徒制所获得的实际技能。因此，在雇主眼里，学校成了培养人的适应性和灵活性的普通教育，这使得基础教育的培养目标和课程设置不可避免地受到抨击，随之而来的是对权威主义的批判，因为上述的变化在方法上要使儿童领悟、理解和批判地接受所学的东西，这些显然与权威主义是格格不入的。

在这种情况下，提倡更加自由和灵活的教育方式的进步主义思想逐步在英国发展起来。一般说，这种思想源于自卢梭以来历代进步的思想家和教育家重视通过教育使儿童多方面的潜能得到自由发展的思想传统。20世纪初英国所出现的各种新思想、新理论也为这种趋势提供了强大的理论基础。首先是英国社会中一种民主主义教育哲学的兴起，其次是心理学家麦克杜格尔和弗洛伊德等人的理论。他们的理论力图证明儿童中心教育的合理性。

英国进步主义教育可以回溯至19世纪末，当时出现了所谓的"激进学校运动"。1889年，雷迪在德比郡创办的近代第一所进步主义学校——阿博茨霍尔姆学校。该校注意为儿童创设适宜的环境，重视学生的实际活动。第一次世界大战后，在英国又陆续出现了许多实施进步主义方法的学校，如伦德库姆学校、达廷顿学校、霍尔学校、萨默希尔学校以及比肯希尔学校。

第二次世界大战接近结束的 1944 年，英国联合政府公布了巴特勒法案。巴特勒是当时英国的教育署主席。该法令是英国教育发展史上由国家颁布教育改革的法令，它既是英国教育改革的指导文件，又开创了发达国家战后国家直接颁布教育改革政策法令的新的教育发展时期。

"巴特勒法案"的中心是调整教育领导体制，加强国家对教育的领导，把原只负责督导的教育署改为教育部。同时改变英国教育的双轨制状况。教育部有责任监督与领导地方教育事业。一切教育的重要决定，包括地区教育计划、地方教育当局主要官员的任免、地方教育命令的公布均需由教育部长批准。由此，英国开始形成了中央集权与地方自治结合的教育领导体制。

同时，该法令把初等教育变为新成立的由三个连续发展阶段教育（初等教育，中等教育和继续教育）构成的普通学校教育体系。该法令规定三种学校实施初等教育：

1. 保育学校（Nursery School），收 2～5 岁儿童，不含在义务教育内；

2. 幼儿学校（Infant School），为 5～7 岁儿童开设；

3. 初等学校即小学，招收 5～11 岁儿童。可为 7～11 岁儿童单独开办初级学校（Junior School）。

该改革法规定，11 岁以上儿童接受中等教育。初等教育与中等教育衔接。这些中等学校分别为文法学校、技术中学和现代中学，年满 11 岁儿童通过国家规定的"11^+"考试，根据年龄、能力、性向，即 3A（Age Ability Aptitude）分别进入上述不同中等学校。其中现代中学是以为学生就业、走向生活做一般的准备为宗旨，学生 15 岁离校，且不允许参加大学考试，此类中等学校学生多为劳动者子弟。

20 世纪 60 年代英国社会和经济状况出现了一个令人振奋的局面，充足的就业率，社会保障事业的迅速发展，经济的高速增长，这些为英国教育的大发展奠定了良好的物质基础。英国初等学校在 60 年代发生了一些积极变化。可以说，60—70 年代英国经济为教育的发展注入了活力。同时，初等学校班级的规模和师生比例的改善，为 60 年代英国开放教育的实施创造了有利的条件。

60 年代之前，英国初等教育的发展主要是与 1931 年《初等学校》报告明确提出的进步主义教育倾向和在 11 岁考试制度束缚下初等学校实践之间的矛盾联系在一起的。在这一期间，儿童中心的进步主义教育思想对于实践的影响主要限于幼儿学校。只是到了 60 年代，随着背景的变化，进步主义的教育实践才在整个初等教育领域传播开来。

60 年代英国初等教育中的进步主义教育实践主要体现在当时风靡全国的所谓"开放学校"之中。这种学校的特点是：在课程方面，抛弃了传统的学科划分以及各学科相应的教学大纲，根据儿童的活动组织课程；在教学组织形式上，以小组活动或个别活动代替传统的班级教学；打破儿童的年龄界限，实施"垂直式分组"；废除学校传统的固定时间表，以"整合日"作为组织基础；在教学方法上，崇尚儿童的自发学习，教师的任务就是为儿童提供各种材料，创设各种环境，让儿童自己从中去发现。

（二）现行学制

1964 年英国取消了 1944 年成立的教育部，设立教育和科学部。到 20 世纪 70 年代现行的英国教育体制基本形成。

英国现行学制图

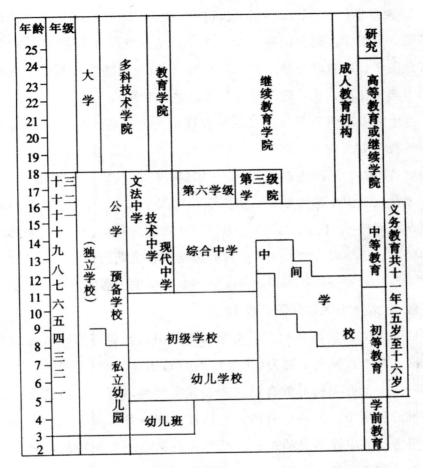

资料来源：参考《别国的学校和我们的学校》第 177 页绘制

初等教育学校中既包括公立学校，也包括私立学校，有：

1. 幼儿学校（Infant School），接纳 5～7 岁儿童，主要进行体力的锻炼，良好习惯的培养，创造性和独立学习能力的培养；

2. 初级学校（Junior School），招收 7～11 岁儿童。目的是教授基本知识，使学生形成基本能力，培养文明习惯和道德品质。初级学校内按学生的智力水平分成 A、B、C 三组，实施分组教学；

3. 预备学校(Preparatory School)招收 8～13 岁中等以上社会阶层的子弟，这类学校属英国独立学校系统，从私立幼儿园(3～8 岁)开始中接预备学校，直到公学(13～18 岁)。此间的预备学校教学重视学术性的古典文化课，其目的就是为升入公学做准备。

这里需要说明一下，英国以前存在的为使没考上中学的儿童修完义务教育年限而设定的高等小学或高级小学部已不复存在，已于 1945 年初被英国教育部改为现代中学，5 年制，招收小学 11 岁毕业生。

现在，英国小学每年 9 月初开学，每周学习 5 天，约 35 学时，每天上课时间从 8：10 到 9：15 不等，这是考虑到儿童、家长、教师三方面的情况。每学时为 25～145 分钟，星期日、星期四休息。每年 9 月初至次年 6 月底为一学年。一学年又分为 3 个学期。假期 2 次，一次是圣诞节假 27 天，一次是复活节假 15 天。

1966 年，以普洛登女士为主席的英国中央教育咨询委员会经过几年的深入调查，递交了题为《儿童和他们的初等学校》的报告，这是战后唯一的一个有关初等教育的报告，其主要观点有：①不论是出于就业的目的还是个人发展的目的，英国社会都应日益重视人的理解、批判性思考、适应性和灵活性；②每个儿童都是一个独特的个体；③儿童本性是积极的和充满好奇的；④儿童是以个性的形式发展的；⑤对儿童，"发现"学习优于"接受"的学习；⑥教育目标的核心是发展儿童的潜在能力。这不仅指智力方面，而且也包括在审美、道德、社会性和情感的培养方面。

普洛登报告强调个体的独特性，强调教学过程个别化以及教师的顾问、指导和激励作用。

本世纪以来逐渐发展起来的进步主义教育实践在新的历史条件下

再次为官方出版的文件所承认。普洛登报告比30年代哈多委员会的《初等学校》报告更进一步地阐述了进步主义教育理论对初等学校的实践意义，其影响也是前者无法比拟的，它标志着进步主义教育在英国初等教育中发挥着重要作用。

70年代以后，英国初等教育的社会、经济和社会心理背景发生了重大变化。1973年爆发的石油危机，使整个西方世界的经济遭受沉重的打击。英国的状况更是如此，国家财政紧缺，通货膨胀日益严重，一批企业倒闭破产，失业率急剧上升。据统计，1975年英国失业人口曾达100万，财力削弱。1979年保守党领袖撒切尔夫人上台，采取了抑制公共支出的政策，1978—1984年间教育经费缩减了9.8%。同时，人们在观念上开始对"教育具有直接经济效益"，"教育能消除社会不平衡"，"教育能改善人们生活"等说法持有普遍的怀疑态度。这些情况对英国初等教育产生了巨大而持续的影响——师资培训费用被削减，重新调整教师，学校财政控制更为严格，人们对学校教育能力感到怀疑，并引发了对进步主义教育思潮的反思。

在当时的新右翼人士看来，英国的教育质量在过去的几十年内出现了惊人的下降，他们在报上大肆宣扬英国学校中的种种不良现象。他们认为，60年代以来的改革，特别是进步主义的教学方式及综合化原则的引进，应该对教育水平和儿童基本技能水平的下降负责，因为它们缺乏一种社会纪律性，使学校和职业相脱离。另外，伦敦大学教育哲学教授彼得斯出版的《普洛登报告评析》，对该报告的哲学、心理学和社会学基础提出责难。新闻界所发起的对学校教育的批评运动以及雇主们对就业者读写算水平的下降所日益表现出来的关注，都对当时的政治界产生了极大的影响，促使新的干预出现。1985年4月英国教育和科学部，威尔士事务部向议会提交的一份题为《把学校办得更好》的白皮书。白皮书指出，英国课程计划欠科学，组织不力，学生知识面狭窄，学生选择性过大，学习要求与学生可能脱节，普通教育质量令人担忧。正是在这个基础上，引发了教育大辩论。从此，英国开始加强对教学的外部管理，这种管理首先体现在课程和学业标准方面。同时，这次教育大辩论对 1988 年教育改革法颁布。实施全国统一课程产生了推动作用。

从 1976—1981 年，教育和科学部发布了一系列有关学校课程的文件，这些文件都是教育督学处倡导经验研究的结果，代表了官方要求实施由一些有限的学科组成的强迫性核心课程的观点。

《1988 年教育改革法》是英国《1944 年教育改革法》之后最重要的教育法。前者以体制改革为宗旨，后者以基础教育的教学与课程改革为中心。《1988 年教育改革法》的一个主要改革措施是设立全国统一课程。这在英国教育史上尚属首次。其中包括：三门核心课程——英语、数学和科学。该文件以宽广性和平衡性为原则，提出了 10 门必修课 7 门基础课程——历史、地理、工艺学、艺术、音乐、体育以及一门现代外国语。除现代外国语科目外，其余都适用于初等学校。全国统一课程的设立以立法的形式规定了学校的基本教学内容，它动摇了英国长期以来初等教育课程的多样性以及教师在课程方面的自主性，使英国学校课程走向统一化。

1988 年英国教育改革的另一个主要方面是管理制度的改革，这一点特别表现在教育内容的制定上。《1988 年教育改革法》明确规定教育国务秘书负责监督教育内容。这就意味着中央机构从地方那里获得了部分功能。教育管理的集权化还表现为在一些问题上学校权力的加强。该法一个重要内容就是建立直属教育部而不是地方教育局的对教育内容决定权。保守党政府采取这种措施是为了让学校从地方影响下摆脱出来。

学校校长必须保证落实新的教学内容，并把这个内容贯彻到具体的教学大纲中去。学校必须自己解决如何教授国家教学计划规定学科的问题。

《1988 年英国教育改革法》也提高了家长在小学教育活动中的作用。他们从提供的学校工作报告中了解学校的状况，并在与教师的个别座谈中、在家长会上表达自己对学校的支持或不满。他们拥有为自己孩子学习选择学校的权利。

(三)改革探索

《1988 年教育改革法》在初等教育领域里其影响是成功的还是失败的？英国大多数关于教育的论争都反映在对于教育标准的态度上。一些教育界人士认为教育标准有了提高，另一些教育界人士则认为教育标准下降了。目前对《1988 年教育改革法》作全面的结论为时尚早。但有一点是肯定的，那就是该法提出英国在教育领域里赶超竞争的目标没有实现。

尽管如此，进入 90 年代以来英国政府和教育界正在采取新的改革措施进一步完善本国教育。在 90 年代初期以 J. 沃尔顿为主席的国家教育委员会在 P. 赫姆林基金的赞助下开展了制定教育目标与政策的巨大工作。

1993 年该委员会公布了题为《学会成功》的报告。这个报告的题目明显地受到了 1972 年联合国教科文组织以《学会生存》为题的著名报告的影响。报告《学会成功》的副标题是《对今天教育的基本观点与明天的战略》。这个长达 458 页的报告对英国教育状况作了详尽的分析，并指出了今后发展的战略方向。该报告指出应该不仅为生存与生活教育学生，对学生施教，培养他们，而且是为了他们的成功，他们的成就。

M. 贝克概括了社会对学校的要求："学校应该更好地培养青年做好当代生活的准备，特别是要做好从事高技术的、迅速变化的、计算机时代的工作的准备，一些人和公司不得不在全球市场集体行动。"[①]目标很明确，政府要求学校为提高英国工程师、工人、学者的水平作出努力，加强国内科技力量，成为欧洲联盟的当然一员。

该报告指出，知识和运用知识的能力已成为不仅在经济领域，而且也是在个人生活与社会领域里取得成就的核心问题。英国"应该在人才培养与教育上取得更大的成就，以符合世界标准"。[②]

该报告认为现在是知识革命的时代，需要有知识的工人，知识丰富的职业工作者，但当代的知识不能脱离知识的运用。

该报告还指出，教育的目标比简单地保证经济的发展要广阔。1988 年英国教育改革法阐述了学生精神道德的、文化的、智力的和体力的发展的必要性。英国国家教育委员会认为，教育应该将公正、尊重人、责任感、关心人等这些传统观念和文化代代相传。

该报告强调，重要的是使儿童能成长为民主社会的公民，懂得他们的职责，了解自己拥有的权利和义务，受到忍耐和自由精神的教育。该报告作者认为，教育，这不仅是知识的传授，而且是力量的培养——道德的、情感的和精神力量的培养。

好的教育的最重要的任务就是善于成功，取得成就。该报告指出："在我们下一世纪的教育视野的中心问题是使所有儿童从小就学会成功，并且永远成功。"而在学校中形成学习能力与学习愿望，对自己力量的相信，这是儿童今后生活成功的保证。

---

① Baker M. Who Rules Our Schools，L.，1994. P. 4.
② Learning to Succeed，A Radical Look at Education and Strategy for the Future，A Report of the National Commission on Education，L.，1993. P. 437.

第二章　国际初等教育管理

第一节　美国初等教育管理

美国初等教育管理职能主要由州和学区承担。因为美国教育制度的一个突出特点便是管理与财政的地方分权。美国中央教育行政及其与地方教育行政的权力和关系经历了历史的演变。初等教育的管理受到了这种演变的深刻影响。

（一）中央教育行政

美国行政区划包括 50 个州和哥伦比亚联邦区。每州又由区组成，全美国共有 3041 个区。区传统上被称为县，县下面又划分为市和镇。全美国共有 190784 个市和 16734 个镇。在城市和乡村都实行地方自治管理。为了贯彻包括初等教育在内的教育政策与实行教育管理，美国又划分出 1600 个学区（除夏威夷外）。学区的分界线常常与市镇的区划不一致。

联邦教育机构虽然在教育管理上发挥一定的作用，但并无多大权力。联邦教育机构主要集中在对全国教育的改革与发展施加影响，确保全国教育水平和标准。与此同时，近 25～30 年以来美国教育管理逐渐显示出集权化的一些倾向。

上述美国教育权力的划分是以美国宪法、相应的法律条文以及州宪法、州立法会议的法律为基础的。

美国国民教育的发展是从初等教育开始的，是按照地方政权和州政府的倡议，并由地方负责发展起来的。所以，1787 年通过的美国宪法中没有提到的关于在教育方面公民的社会经济权利，是由罗斯福总统于 1941 年 1 月题为《我们面向未来》的致国会信中阐述的，而后在 1944 年经济学法案中得到完全的确立。

美国宪法第十个修正案确认："现行的美利坚合众国没有赋予的，并且没有指定给个别州的权力，相应的留给各州和人民。"这样，每一个州都拥有教育立法权，有权建立和发展适合本地条件、符合本地居民利益和需要的教育体系。

州宪法是美国各地教育法律的基本依据。州宪法确立以前，地方机构和政府就已经参与了国民教育的工作。因此，与联邦宪法不同，州宪法明确地规定了地方在教育发展中的职能。

在联邦水平上对教育进行管理的法律基础则是美国国会通过的各种专门的法律文件。有关法案收集在《美国法律大全》34 卷（教育卷）中。

在美国国会制定法律的工作中起主要作用的是常务委员会和专门委员会。众议院设有 22 个常务委员会和 5 个专门委员会，其中包括拥有 33 名成员的教育与劳动常务委员会和儿童、青年和家庭事务专门委员会。

常务委员会的主要职责是准备法案文本，保持与联邦政府有关机构的接触，实施对其活动的监督，对所感兴趣的任何问题举行听证会。专门委员会是由众议院建立的，旨在完成某种具体任务，但在实际上一些专门委员会具有常务性质。常务委员会包括有在委员会一般权力的范围内处理比较专门问题的分委会。如在参议院的劳动与人力资源委员会就下设有教育分委会。在众议院 8 个分委会中有一个教育总分会和初、中等教育和职业教育分委会。分委会主要制定法律文件的草案，供委员会讨论，最后提交众议院审定。

由于教育没有作为联邦政府职责写入美国宪法，所以联邦政府干预教育在 50—60 年代以前一直是很有限的，且具有偶然的性质。如，美国第一个对教育进行财政资助的规划，目的是发展职业技术教育。

该规划由国会每年拨款。这个规划是在斯密特—休斯法基础上于 1917 年通过的。

关于联邦对教育领域干预的问题，实际上贯穿于美国教育的全部历史，至今仍然是一个热点。

援引美国宪法第十个修正案，确定州拥有对教育的责任，保守的美国政治活动家，包括共和党右翼至今仍然反对联邦政府参与教育，认为这是违反宪法的。

而联邦干预教育的拥护者则认为，教育制度像其他社会制度（如保健制度）一样，其运行和发展绝离不开国家的支持。他们认为，即便是从法律的角度，宪法第十个修正案也认为联邦政权可以在教育领域里发挥积极的作用。在争取公民权和反对教育种族隔离的斗争中，一些学校和国家团体不得不越过地方政权，直接寻求联邦政府的支持。①

尽管地方政权对联邦干预教育的思想不满，但美国教师全国教育委员会的影响、联邦政府对教育的干预还是逐渐扩大。

如在经济危机的 20 世纪 30 年代，青年失业成为全国性问题。为解决这一问题，不得不编制一些对青年进行专门教育的计划，而这就事实上扩大了联邦对教育的干预。50 年代冷战时期，为了实现联邦对教育进行大规模干预，美国政府以保证国家安全为由，进一步增强了其在教育领域中的影响。1957 年苏联人造卫星上天以后，美国于 1958 年公布了《国防教育法》，该法的一个重要之处就是联邦政府可以通过提供实施具体教育计划的经费，对地方教育政策实行监督，地方教育当局可以不必接受联邦的经费，但实际上很少有人拒绝，因为大多数学区的财政状况迫使地方不得不寻求联邦政府的经费资助。

联邦政府在教育管理中作用的增加还有一个重要的原因，这就是 50—60 年代争取公民权利的运动。该运动的参加者主张在学校消除种

---

① Meuaker J., School Law: Theoretical and Case Perspectives, Englewood Cliffs, Prentice Hall, 1987. P. 17. Spring J., The American School, 1642—1985. N. Y. 1986. P. 258.

族隔离，反对地方当局的种族歧视政策。

联邦政府在教育管理方面参与的扩大，事实上使教育成为国家政治的一个重要因素。从 60 年代起所有的总统候选人在竞选演说中都注意到了教育问题。与此相连，强化或削弱中央对教育的管理不仅受客观因素的影响，而且也受白宫对这个问题态度的影响，特别是共和党、民主党，以及其代表——美国总统态度的影响。

从 1958 年起尼克松政府扩大对教育专项计划如《生涯教育》等的财政支持。1972 年根据尼克松的建议成立了国立教育研究所。而与此同时却又缩减了对生活困难者接受教育的财政支持。

1976 年卡特政府主张强化联邦对教育的管理。经过卡特政府的策划，1979 年美国国会通过了建立独立的联邦教育部的法令，新成立的教育部取代了保健、教育、社会保障委员会。

在这一时期，地方教育官员和保守团体开展了大规模的反对联邦干预地方教育的活动。其中对体残智残儿童教育法的通过遭到特别尖锐的批评。他们认为，每一个这样的儿童都有权接受个别化的教育。

在 1980 年和 1984 年的总统竞选中各政党第一次为自己的候选人确定了明确的教育政策，以及自己在教育领域里的选民。民主党依靠两个最大教师组织——全国教育委员会和美国教师协会的支持，他们都支持扩大联邦对地方学校的财政支持。

共和党及其总统候选人里根则在不满联邦对教育干预的人中寻找支持。在共和党的方案中就包括了减少联邦的教育经费，甚至主张撤消联邦教育部。但是通过这些建议将导致由于各州财政状况不同造成的学校之间不平等现象更加严重。所以共和党执政的第一阶段便与其主张相反，逐渐增加了联邦的教育拨款。在 80 年代末国会在民主党和共和党左翼影响下，对初等教育、中等教育拨款再次增长，1988 年达到 210 亿美元，占国家总支出的 6.4%。

1989 年布什就任总统后，美国致力于增加联邦政府在教育方面，特别是在中小学教育方面的调节作用。1989 年 9 月在弗吉尼亚州的夏洛茨维尔召开了一次教育问题特别会议。布什总统、州长、教育部长等人出席了会议。会议的重要议程便是使各州在对教育问题以及解决途径上达成共识。会议文件强调了制定国家教育标准，提高教育质量的重要性。

在 1991 年 4 月公布的名为《2000 年美国教育战略》文件中强调了中央政府与地方政权之间进行平衡的关系，即联邦政府在实施这一战略中作用是有限的，但实现这个作用是坚决的。

这一时期有关教育的许多决议都超出了"州与地方学区"的传统范围。新的教育政策是以"州—联邦"为轴心展开的。在教育规划、师资政策、资源分配等方面，初、中等教育的管理已走出地方的局限。

美国教育史专家拉维茨曾这样描写州与联邦在教育方面相互关系的变化："在 1945 年好的学区长或校长与市长、市议会和地方教育委员会保持良好的关系。而在 80 年代一个好的教育行政工作者则不得不了解国会、联邦教育部、法院、州行政的情况，以便弄清是否又有可以得到经费资助的新的教育计划出台，或有哪些计划被撤消了。学校政治从整体上更像是美国政治，不同的利益集团为获取经费游说，寻找与国会委员会的特殊关系，与资金的竞争伙伴争斗。"

100 年来美国联邦参与教育管理的具体过程如下：

1867 年美国第一次建立了美国教育办公室(U. S. Office of Education)。

1953 年 4 月根据国会法令建立了美国健康、教育和社会保健部，教育司是其中最大的部门。它由总统任命的教育委员会领导。

60—70 年代教育司进行了改组，并进一步扩大，增加新的部门和人员。就在这一时期建立了在教育司领导下联邦层次上的新教育机构。1965 年建立了国家教育统计中心。1972 年建立了国家教育研究所。其任务是在国家资助下对开展研究工作给予支持和领导，并传播教育研究成果。为了领导这一研究所，制定教育研究的国家政策，又建立了国家教育研究委员会。

从 60 年代初开始在国家水平上部门之间的协调在教育管理方面发挥了不少的作用。这主要是由联邦专设的教育联合委员会来实施的。该联合委员会有近 30 个联邦部门和组织，特别是国务院各部（国防部、司法部、内务部、农业部、商业部）的代表，国家科学院和国家科学基金会的代表，以及国家航天管理局、环保机关、国家人文科学基金会的代表。该委员会下设分委员会专门研究教育的现实问题。

在 1979 年 10 月 17 日国会通过了建立独立的教育部的法令。这个部从原来的保健、教育、社会保障部分离出来后即具有内阁部一级的地位，其领导人即为内阁的部长。它是由总统在取得参议院同意正式任命的。免除该职也须由总统本人实施。教育部长要为总统提出教育政策建议做准备，对实施所通过的教育计划与措施的内阁机构和人员进行一般领导。教育部长拥有一个第一副部长，三个副部长和 7 名部长助理。

教育部第一副部长在部长不在时履行部长的职责，完成部长交给他的任务，协调联邦教育机构与州的关系，直接联系部属机构，如社会事务局、私立教育局等。每一位副部长和部长助理负责领导一个主要的局。

教育部内设 7 个局：公民权利局、初等和中等教育局、中学后和高等教育局、专业教育和复权局、职业和成人教育局、双语教育和小语种事务局、教育研究与教育改进局。

其中对初等教育宏观发展起重要管理作用的主要有：公民权利局、初等和中等教育局、双语教育和小语种事务局、教育研究与教育改进局。

教育部自身的工作由 6 个行政局承担，即内部管理和人事总局、计划、预算和评估总局、政府间和部门间事务管理总局、总督学局、立法和国会事务总局、司法总局。其中：

内部管理和人事总局负责处理财经和行政管理问题，保证日常领导工作的进行，并就上述问题在部内协调。同时该局也负责部内的财会工作，监督基金使用，进行核查工作。

该机构的工作主要有财经管理、资助和签订合同、人事管理、行政资源管理、信息资源管理、财经监督。

计划、预算和评估总局协调内阁所属的预算机构，在国会做预算咨询，组织教育部的长期计划，协调对联邦教育部的计划和活动实施的评估，根据评估结果为国会编制每年一度的教育部报告。同时，该局还要向部长、总统班子和国会提交专题分析。

政府间与部门间事务管理总局负责教育方面国际接触、联系与合作，负责建立与联邦其他部和部门以及与教育有关的社会团体的有效关系。协调咨询委员会、部内的职能委员会、办公室工作。承担其具体工作的还有分散在全国的地方局。

总督学局对教育部的计划、活动实施调查监督。视导的任务也包括就提高部的工作效率等问题，向部长提出建议，对部内的管理国民教育中滥用职权现象提出警告。

立法和国会事务总局负责协调理顺教育部与国会的关系。回答国会就有些问题提出的质问，参与向国会提交预算咨询和法案草案的准备工作，协调向国会派遣人员和出席听证会的工作。

司法局（或称司法咨询总局）为教育部及所属所有机构提供法律咨询和建议，提供所有与教育部计划以及活动的书面和口头的法律解释，对教育部的文件草稿做法律鉴定。两名副局长负责教育部服务处和计划服务处。

教育部的计划局通过资助系统，主要是根据需要和教育部提议向州提供财政资助。提供资助的机制是很明确的。首先，所有资助都是由教育部相应部门根据国会同意的拨款预算来实施的，然后资助的确定与获得的技术性问题都可以在国会通过的相应法律文件（《美国法律大全》）中得到解决。

公民权利总局主要是了解接受联邦资助的学校、机关、内阁的活动与计划遵守联邦反歧视法的状况。该局监督这些法律的执行情况，调查就这方面问题提出的控告，必要时可以通过法院采取强制性行动以执行法律，对反歧视和隔离提供技术上和财政上帮助。该局还包括有分析资料、了解执行有关法规情况和提供有关技术帮助等方面的服务。

初等和中等教育局负责学前、初等和中等教育，向州和地方教育部门提高中小学学生学习成绩的计划提供经费帮助，向低收入家庭儿童、侨民和印第安居民子女及反吸毒教育计划等提供资助。

双语教育和小语种事务总局的工作目的是向有关阶层和种族子女提供平等的教育机会。此外，该局还负责实施移民教育计划。

教育研究与教育改进局负责收集、分析、传播国内教育情况的信息、教育统计、组织和支持教育研究，传播研究成果，举办教育优秀成果的展示会，为改善图书馆事业的计划和图书馆教育提供资助。

为确保教育部与州国民教育机构的联系，美国在实施联邦教育计划，成功达到国家教育目标过程中向州提供帮助。

教育部还有其他一些机构对包括初等教育在内的公共教育发挥影响，如美国教育部内设的一系列咨询和协调的联邦－社会委员会。除此而外，根据立法和联邦政府颁布的命令还建立了有社会人士参加的在某一教育领域里发挥作用的职能部门的专门委员会。这样的委员会有20多个。

尽管上述教育机构权力和作用都很有限，但它们在制定国家教育政策，为不同阶层居民接受教育提供有利条件等方面都作出了自己的贡献。

1993年1月20日美国第42届总统克林顿还在其竞选的施政纲领中指出教育将在白宫政策中占有重要的位置。

(二)地方初等教育行政

美国初等教育主要属于地方系统。见下图：

美国地方教育系统简图

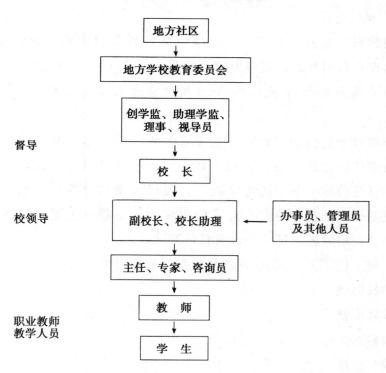

美国宪法规定，教育的权力保留给州政府。州有权确立和发展自己认为合适的教育制度。因此，可以说州政府首先对美国教育政策负有责任。美国各州教育行政机构设置是很不一样的。这突出体现了美国地方分权的特点。

1. 州教育委员会

美国有 49 个州教育委员会。在一些州教育委员会是综合性实体，负责普通教育、职业教育、高等教育等。在 36 个州由州长任命州教育委员会成员。在 10 个州，州教育委员会成员是经选举产生的，在华盛顿由地方教育委员会选举州教育委员会。有 2 个州教育委员会成员由立法机构指定。最小的州教育委员会仅由 3 名成员组成，最大的则多至 23 名成员。一般为 7～12 名成员不等，多数为 9 名。任期一般为 6 年，长的为7～9年。州教育委员会成员一般是外行，并无偿服务。

2. 州教育厅

州教育厅是公共教育，有时也含高等教育的主要行政管理机构。该机构设在各州首府，在规模较大的州还下设1～2个地方机构。教育行政首长为州教育厅长（CSSO）。州教育厅有工作人员200～400人不等。

州教育委员会和州教育厅的关系各州也不一样。例如纽约州董事会成员要依据法律任命，其权力就很大，要负责初等到高等的各级教育，不仅是行政事务，还包括选区、履行法律权力等。与此相反，加里福尼亚州的州教育委员会除了依照法律程序颁布法规，对地方学区发布训戒，解除教学证书外没有任何其他权力。

一般来说，美国50个州的州教育厅拥有以下权力：

学校财政

教师资格

教科书选定

教学标准

考试

资料收集和发放

执行联邦计划

设施和运输

调节非公立学校等。

各州教育厅的法规政策对地方学区具有指导性质。

除州教育委员会、州教育厅外，还有许多利益集团在包括初等教育在内的教育管理活动中发挥作用。这中间包括教师联合会、学校委员会、行政组织、有关职业教育、体育、特殊教育、双语教育、数学、英语教学的专业教育团体；还包括家长教师协会、女权联盟、青少年组织；还包括纳税人协会、商业联合会、农业展览馆等。这些州教育利益集团越来越多地参与政治活动，正在成为战后美国教育政治色彩的一个重要标志。

3. 司法部门

另外应该说明的是法院也对美国教育管理发生着实际影响。如州法院对政策的解释也负有责任，拥有很大的仲裁作用并在很大程度上负责处理州的很多有关教育的决定。

学校财经案件一直是需要解决的重要问题，但州法院有关学校服务、学生纪律、种族隔离、辞退教师等决定也是很重要的。

4. 地方学区

学区是美国包括初等教育在内的学校教育管理的基层单位，在美国教育管理体系中占有重要的地位。

美国现有 15000 个地方学区，这些学区又拥有 84000 所学校，组成了美国公共教育实践的基础单位，这就是小学和中学。正是在学区内实施课程计划和教学，也正是在这里学校行政人员开始自己的事业，积累工作的经验。也正是在学区一级，美国的教育制度才最具有可见性，美国公众才会形成对学校教育成功或失败的看法。

5. 地方学区的范围

地方学区范围是指所辖学生的数量和地域。美国地方学区情况是复杂的，不同学区区别很大。纽约市有近 100 万学生，洛杉矶有 66 万多学生，而有的学区则连学生都没有。有的学区只有几平方千米，而有些学区则覆盖 18000 平方千米。

美国地方学区的鼎盛时期是在 1920 年，当时有地方学区 130000个，主要是农村的学区，有的农村学区只有一所学校。而后有人提出学区过小是对公共资源的浪费，而且无法保证高质量的教育服务。1950 年前后学区数就降至 80000 个。到了 1990 年该数字又降至 15000。全美国 1/3 的地方学区集中在以下 5 个州：加里福尼亚、得克萨斯、伊里诺斯、内布拉斯加和纽约。其他州的地方学区学校较少。南方各州地方学区的数目就更少，因为它们地方教育当局与县联系十分紧密。

地方学区有的只有一所学校，而有的则拥有上百所学校。有的只有 1～6 或 1～8 年级，称为基础教育学区。

在大多数州还有中间性质的单位，有些是以县为基础的，有的还包括一个以上的县。如在加里福尼亚州有县教育局，在德克萨斯称为教育服务组合，纽约则有合作教育服务局。这些机构向地方学区提供各种专门服务。

事实上，美国的地方学区并不是政府的一部分，也不属市议会。人们经常搞不清楚，常常认为这是政治家错误的安排。所以，牛顿·爱德华得（Newton Edward）指出，严格地讲，地方学区不是市行政机关，而是一个准社团。

在美国正是地方学区主要负责包括初等教育在内的基础教育管理，即所谓"州的责任，地方的工作"。

学区的行政官员称为学监（CEO）。1990 年美国有近 13000 名学监。学监由州教育厅长提名，学区董事会任命，任期 4 年。从过去的调查中发现学监往往是男性，白人，中等年纪，教师出身，30 岁左右开始从事教育行政，6 年后成为学监。学监都有大学文凭，80％以上持有硕士或博士学位，其中多数约占 55％是学习英语、社会科学、自然科学、商业管理或人文学科的。25％则是以教育或体育为专业的。一般来说，许多学监是在农村和小城镇培养出来的，并继续为这些地方服务。他们工作时间长，一般每周工作超过 56 小时。他们都热爱自己的工作，70％的人在问卷中表示如有可能，他们会再选择这一职业。他们的平均年薪 93000 美元。学区越大，学监的工资越高。

6. 初等教育的督导

美国州一级的督导由州教育局长和督学队伍组成，主要对象是县级教育部或学区的教育状况，包括课程、教育法规、教育财政、校舍建设等方面。

美国有 28 个州设县。县级教育行政部门是州与地方学区的"中间地带"。不设县的州常常把 2 个以上学区联成一个教育管理区域，成立一个教育管理机构，属于县级教育行政部门。县级教育行政部门的督导对象是学区，督导队伍由督导长和若干名督学组成。

美国学区的督导由学区中心办公室负责。由学区董事会任命督导长和助理督导长，以及在其领导下的负责某一具体领域教学的指导员。督学、评价员、咨询员等领域学区的督导队伍，他们对初等教育的计划、行政、课程、教学、科研等方面进行具体的督导。

地方学区教育委员会在初等教育管理方面发挥着重要作用。该委员会一般由 5～7 人组成，有时多一些，任期 3-4-16 年不等，选举情况比照市政选举。该委员会有很大的权力，并且实际上对学区的中小学教育负有责任。其权限包括：向居民征收地方学校教育税、分配已收到的税金和从州政府预算拨款，对学校教学教育状况进行监督等。

(三)学校管理

学校委员会：

这是直接对小学教育进行管理的组织。该组织建立与发展是学校管理民主化的重要标志。该组织成员有家长、教师、校长、社区代表、工会和工商界代表(在中学才有学生代表)。

美国小学规模不一，但一般都不大，班级平均学额为 10～25 人不等。除校长外还设助理或秘书，并聘请一些专家。校长在招聘中产生。先由学监发出招聘文件，后应聘人经过学监考察，学区理事会审查批准。

根据美国教育管理学者的看法，美国小学校长工作的目的与目标有：

1. 由于学校是实现教育基本目标的场所，所以，校长的首要职责是实行教育领导；

2. 校长的领导行为应该有利于教师的教和学生的学；

3. 好的领导应能通过对个人的尊重的行动表现出来；

4. 校长应该善于确认目标，客观地分析和解决冲突，并能经常培养与发展这些能力。

美国小学校长的主要工作范围包括执行学校教育委员会决议，负责实施学校教育计划，推荐教师和为教师继续教育提供条件，决定课程设置和进行教学管理，支配与使用上级拨款等。

美国学者认为学校管理不仅要达到教与学的目标，而且还应该成功地保持教职员的高尚道德、校内秩序和纪律、与社区的合作。为此，制定了学校成功的评估方案。

他们认为，成功小学的校长有以下8个共同特征：

1. 多数人本不想当校长，而是更愿意教学，但是上级鼓励他们成为校长；

2. 绝大多数人真诚地相信儿童。他们不会因学习失败或行为有问题而批评学生。校长认为，这些正是学校应该解决的问题，校领导对此负有责任；

3. 他们有与他人一起进行有效工作的能力、合作共事的能力。他们为自己学校的教师感到骄傲，把教师看成职业上称职的有能力的人。他们鼓励人们拥有信心，充满工作激情，善于倾听家长、教师和学生的意见，具有领导能力，关心同事；

4. 能够敏锐地感受到学校急需解决的问题。他们对上级的束缚往往持批评态度，认为很难在官僚体制束缚下生活，常常违背命令，寻找解决问题的其他途径；

5. 他们作为校长充满热情，精力充沛，把校长当做职责，而不是一种工作。他们认识到在解决现代社会问题过程中自己的作用；

6. 他们被指派从事教育工作，他们能够区别教育的长期目标与近期目标。他们拥有自己的教育哲学；

7. 他们具有灵活性。如果发现什么东西已不起作用了，会做必要的更换，或采取别的合适途径；

8. 他们是有能力的战略家。他们能够认同目标，设计达到目标的手段。

(四)教育经费

美国教育经费情况前面已有所叙述。美国教育经费都是由联邦、州和地方分担。地方学区是公立学校经费的第一承担者。美国独立征收教育税。所有学区都有独立的征税权。教育经费主要来自居民的财产税。包括小学在内的公立教育基本上都是公费支出。其他来源如捐赠、学费等所占比重甚小，仅为 1% ~ 2% 左右。随着教育对美国经济与社会发展的作用日益重要，美国与初等教育有关的教育经费管理出现了一些新的变化。这些变化主要表现在：

1. 教育经费的分担上，联邦和州的经费负担比例均有所增加：据统计，1985 年美国教育经费为 199372 美元，占国民生产总值的 4.9%。1990 年美国教育经费为 292944 美元，占国民生产总值的 5.3%。同时，私立小学学生和图书馆均可得到联邦和州的资助。

2. 采取新的措施增加教育投入。这主要是指州和联邦政府的行为。1997 年 12 月 2 日美国伊利诺州通过了教育经费改革议案。该议案改变了过去主要靠提高房地产税增加教育经费的办法，采用了增加销售税的办法来增加教育经费，使在校生均教育经费达到每年至少 4225 美元。该议案增加了州对包括初等教育经费在内的中小学教育经费。所以，该议案的通过被称为是"儿童的胜利"。

3. 学校财政与教育目标挂钩，各州为达到学生成绩目标必须提供一个基础的学校财政制度计划和方案。美国各州推行以学校为基础的管理，在财政的预算制度上采取地方分权制。

第二节　英国初等教育管理

（一）中央与地方的教育行政

古代英国教育主要是由贵族与僧侣管理教育，国家不管教育。18世纪产业革命的迅速发展，促进了初等教育的发展。

1906年英国议员怀特·布雷（Mr. Samuel White Bray），一个酿酒者之子，提出了教区学校议案，建议国家在每个教区设立学校，进行管理，并建立由公共基金支持的国家初等教育体制。该议案事实上已由下院通过，但遭到上院，特别是国教代表的顽固反对。尽管如此，这是英国向实施国家管理教育道路上迈出的第一步。

几乎同时，英格兰教会和新教组织都同意支持宗旨为普及初等教育的自愿协会。

英国国家直接干预初等教育始于1833年。当时国会通过了财政部长阿尔索普（Lord Althorp）提出的教育补助金法案。该法案决定每年拨款两万英镑资助对贫苦儿童实施初等教育的学校校舍建设。1839年该项拨款增到3万英镑。同时，英国设"枢密院教育委员会"直接负责已成为逐年拨款的该补助金的分配，并规定所有接受补助的学校，必须接受政府委派的视学官的监督与指导。

1870年英国枢密院教育局长，自由党领袖，布雷德福毛纺厂主福斯特提出并获得了国家通过的重要教育文件，即《初等教育法》，亦称福斯特法案。该法案实现了英国政府管理初等教育的重大转变。从此，英国才开始有了公立初等教育系统，并奠定了英国国家的教育制度传统。作为这一法案的重要结果，在英格兰和威尔士建立了初等教育的双元管理系统，即由国家和前面提及的自愿协会共同承担初等教育学校的管理。这就是发展至今的英国初等教育管理制度的源头和雏形。

这里顺便提及一下，许多资料涉及 1870 年英国福斯特法案的普及初等教育内容。实际上该法案并没涉及这一方面。[①] 当时英国许多地区学龄儿童数大大超出学校所能容纳的学生数，实施普及初等教育条件不成熟。只是 1876 年由于自愿协会和学校教育委员会的努力，小学校舍获得了迅速发展。1880 年英国政府开始采取具体措施普及初等教育。

1899 年英国议会通过重要法令，决定建立国家教育委员会（National Board of Education），管理初等教育、中等教育和职业教育，在英国历史上第一次实现了国家对初、中等教育的统一管理。

1902 年，英国保守党政府首相巴尔福（A. J. Balfour）提出了有关教育补助金分配等问题的议案，议会讨论通过《1902 年教育法》，即《巴尔福教育法》。该法条文第一次将初等教育和不含大学在内的中等教育等放在一起论述，为它们的发展提供了财政上的保证，并形成了国家教育主管部门与地方教育局相结合，以地方教育局为主的初等教育的管理体制。该法规定了给地方教育局管理初等教育的法律责任，而对初等教育以外的教育则只是由地方教育局提供财政帮助。

第一次世界大战后，为了进一步完善本国的教育制度，1918 年，英国颁布了《1918 年教育法》，亦称《费舍教育法》。该法案的制定者为当时的教育部长费舍（H. L. Fisher）。该法要求地方教育局负责向公立初等学校年龄较大和有能力者提供更深的和更实际的课程。这是英国教育历史第一次初等学校有权提供超出初等教育水平的教育。这也是国家教育管理开始向延长普及教育年限方向迈进的前奏。

1944 年英国统一的初等教育制度正式确立。同年通过的巴特勒教育法案第 8 条第 1 款将初等教育定义为"适合于小学生发展需要的教育"。同时该法案规定 5～15 岁为义务教育年龄。尽管该文件没有对初等教育结构作出明确规定，但从招生对象上可分为：①初级学校，只招收 7～11 岁儿童；②混合学校，这种类型学校将幼儿部与小学部放在

---

① H. C. Dent，Education in England and Wales，London，1982，Holder and Stoughton，P. 9.

一起。另外，从经费和校舍来源上可分为：①郡立小学，由地方教育当局提供经费和校舍；②民办小学，主要由各教派团体举办，地方教育当局给予一定资助。

1964年英国成立了教育和科学部，取代了1944年成立的教育部，设教育和科学大臣，但只负责英格兰的包括初等教育在内的各级各类教育。威尔士、苏格兰、北爱尔兰的教育则分别由各自的事务大臣负责。中央行政主要负责制定国家教育的方针和政策，编制全国教育标准，对教育计划提出指导意见，对各级各类教育进行检查和评估。英国在地方一级设地方教育局，负责本地的教育。初等教育和中等教育一样，主要由地方教育局管理，管理的范围包括制订计划，聘用教师，校舍修建，设施提供等工作。

同时，教育督学系统也是中央和地方共同管理教育的重要环节。英国在中央设立女王督学团，实行分区管理共有60名督学，分布在教育科学部的七个部门。初等教育是其中的一个部门。女王督学团负责初等教育的督学，要就初等教育的现状、水平、发展前景向政府提出建议，每年要考察1/5公立小学。地方教育局设督导处，协助地方办好中小学教育，其职责是了解情况，督导评价，帮助改进管理，提高师资质量，参与教育改革。

(二)学校管理

1944年的巴特勒教育法第17条曾对初等教育学校的行政管理作出如下一些原则上的规定。

1. 每所小学都成立人数不少于6人的管理委员会，对学校进行管理；

2. 郡立小学管委会产生方式由地方教育当局负责；

3. 民办小学管委会的成员由地方教育当局和学校主办团体依照规定的比例任命。

该法第 20 条规定，几所小学可以成立一个联合的学校委员会来领导。

郡立小学管委会未经地方教育当局批准，不能任命教师。民办小学管委会仅在宗教课教师的任免上有一定的自主权。总之，当时的初等教育学校的管理委员会权力十分有限。这种状况从 70 年代后期开始有了较大的变化。

1977 年以泰勒（Taylor T.）为主席的调查委员会发表了题为《我们学校的新的伙伴关系》的报告。该报告建议：废除联合学校管理委员会，每个学校设董事会进行管理。校董事会应包括有人数相等的地方教育当局代表、地方社区代表、学校家长与学生代表和教职员代表。校董事会拥有比校管会更多的权力。上述报告中提出的建议写进了英国 1980 年教育法。

英国 1980 年教育法规定：小学的管理人员称为董事，所有学校至少应当选举产生家长校董事和教师校董事各 2 名。学生少于 300 人的小学仅设 1 名校董事，校长为当然的校董事。该法 1981 年 7 月开始执行。英国的初等学校管理机构不干预学校的日常工作。学校的课程、教学、日常工作由校长和教师负责。

进步主义教育思想对二战后英国初等教育的学校管理产生了深刻的影响。英国初等学校班级规模在二战前曾经是比较大的，一般每班学生为 50 人左右。战后，随着经济与社会的发展，教育改革的深入，初等学校班级学生数开始下降。据统计，1965 年英国初等学校的班级平均人数已降至 30.7 名。这就为英国初等教育质量的提高创造了有利的条件。同时，值得注意的是，60 年代中期以后随着综合中学的兴办，以选拔为目的的 11 岁考试逐渐被废除，在很大程度上为初等学校松了绑，使之能更自主地获得发展。

英国初等教育的管理在校内的微观方面以为儿童提供丰富的环境和机会，促进其个性充分而自由的发展为宗旨。英国小学传统上，课程、教学组织、教学方法均由教师自行决定，政府不加干涉，教师享有较充分的自主权。60年代英国的开放学校运动在教学组织形式上打破了年龄界线，废除了传统的班级教学组织形式，而成立以垂直式分组，并以"综合日"作为其组织基础，废除了传统的时间表和分科教学制度。如小学生开设环境研究来代替传统的历史、地理、英语、工艺美术、科学等的分科教学。教室被设计成各种不同的活动室。学生不再守在教室的一个固定的地点，而是按照一定规则分成的各个非正规小组在教室里开展活动。学生随时可以选择令他们感兴趣的活动空间。一般是一个活动室有两名教师，分工负责，对学生进行必要的指导与管理。教师的一项重要工作就是按照要求记录每一个儿童的进步，不仅记录儿童的学习态度、情感、智力、社会性的状况，还要记录学生的实际体验和所学到的东西。因为只有这样，教师才能适应在这种没有固定结构的自由组织形式条件下做好教育与教学工作。

由于初等教育的课程设置、教学方法及教科书均由小学校长和教师自由决定，所以英国的初等教育质量难以保证，特别是在教育竞争中显得被动，令人不安。为了解决这一问题，英国从70年代开始逐步加强了对初等教育的国家控制，特别是课程方面。同时英国1983年发表了题为《教育质量》的白皮书，阐述了政府为从总体上加强对教师的管理而颁布的计划。其内容包括教师课堂表现应由校长作出正式评价，表现不好的教师要被解聘等。1988年7月英国议会通过了教育和科学大臣贝克（BakerK.）递交的《教育改革议案》，这就是1944年以来英国最重要的教育法。《1988年教育改革法》首次以立法的形式设立初等教育的全国课程和一套系统的评估制度。该法标志着英国包括对初等教育在内的教育管理正朝着中央集权化方向发展，或者更确切一些说，英国在初等教育管理方面正在以加强中央权力的做法试图克服进步主义教育思想与实践带来的消极方面影响，而保留其积极方面。因为在初等学校内部教师仍然掌握着对教学进行管理的决定权，同时，进步主义的那种尊重儿童，以儿童为中心，强调活动和经验的思想与操作实践在英国对儿童发展有着良好的积极的影响。

在 1988 年改革的推动下，英国小学董事会工作范围得到了扩大。该机构要为学校的预算负责，还要与校长一起负责课程计划制定与实施教师工作分配等工作，并在许多方面（如性教育方面）决定学校政策。英国小学 1992 年 9 月举行了新一届的家长董事会，以加强学校和社区的联系。董事们积极参加培训课程，如小学的现代语文和数学、性教育改革等。[①]

过去校董事会每学期召开一次会议，时间为 1 小时，现在改为每学期 2 次。有时，该机构还包括几个委员会负责检查课程、财政、计划、人事等。

除了正式会议以外，董事们还参加培训课程，这些课程包括从预算管理、注册与选举到课程领域的丰富内容。每一个董事会都是家长、地方教育当局指派人、商业代表、教师董事和校长的结合。政府认为工商业与学校的联系十分重要。工商业可以通过工商业代表与学校建立联系，学校则可以通过与工商业联合向实业界学习。小学校长往往认为，商界代表（董事）不善于了解教育制度现状，只是从大众传媒那里了解教育。

董事会中的地方教育当局代表过去要同时参加 4 个校董事会，现在经过改革只参加 2 个董事会工作。因为过去许多学校苦于教育当局代表太忙，影响正常工作开展。目前，地方教育局准备让政党成员填补上述空缺。

在英国一些地方小学董事会包括一名非教学人员，在这方面学校秘书和护理人员都是可能的人选。

有一定技能（行政、艺术、建筑、计算机、图书等）的家长经常成为家长董事或新增董事。

董事会的新作用和新职责使校长、教师董事和地方教育局的关系

---

① Stephanie Segal，Parent—governors can be a vital link between classroom and community, chid Education vol. 69 P. 44—45.

发生了很大变化。许多校长由于董事在学校生活所有方面影响不断增加而感到不安。英国正在探索如何建立一种积极的校长与董事关系。

英国小学的学校管理人员主要包括校长、副校长、课程主任，还有包括学校家长联络员在内的辅助管理人员。校长由地方教育局任命，须是有5年以上教龄的优秀教师。校长负责学校的全面工作。

英国有关教育研究人员认为，初等教育学校校长的角色与作用可分为4个主要类型：

1. 老板型。彬彬有礼，对学校工作和教职员的工作方向、工作情况进行监督，制定决策。工作集中在指示和通知的发布。

2. 教头型。校长相信并证明，学校的教学是最重要的工作，校长应该以具体行动推动教学以发挥领导作用。

3. 执行董事型。执行董事更像是官员，分派专家角色和职责，并确定政策的步骤。

4. 小队领导者型。这种类型的校长和教职员之间社会角色的距离较小，其他教职员的领导作用和潜力得到尊重和鼓励，学校政策往往是要集体制定。

副校长的职责有：

(1)班级教学；

(2)课程领导；

(3)校长交给的一般管理职责；

(4)教师队伍建设和教师精神上的支持；

(5)召集会议；

(6)实现教师与校长之间的沟通；

(7)精神上的关怀；

(8)纪律；

(9)校会；

(10)学校与家长联系；

(11)图书馆；

(12)临时性工作：校内糖果食品店、节假日等。

根据英国教育管理研究者的看法，英国小学管理结构可以划分为以下 6 类：

第 1 类："我的学校，我的班级型"。这是在校长和班级教师之间经典的劳动分工，每一方都有明确的势力范围。在这种情况下副校长的角色往往是形式上的、象征性的。小规模学校这类结构较普遍。

第 2 类：校长、副校长和班级教师型。这种类型结构仍然是二维的，但有了 3 种的基本角色，而且副校长作用是明确的，他不仅在校长不在时代行其职务，而且还参与政策制定、学校管理与发展。

第 3 类：高级管理队型。随着地方教育局派出的协调员进入学校，一些校长把三个高级岗位的人员，即校长、副校长和协调员作为高级管理队成员，按时召开会议讨论学校政策。

第 4 类：初级的分科主义。由于人们把注意力放在小学的课程上。他们要求每类课程都由一位教师和相应的专家负责。这些课程领导人对整个学校管理结构发生着更大的影响。但是，这种结构本质上仍然是二维的，课程领导人不参与重大的校政事务。

第 5 类：三维结构型。上面 1～4 类都是小学管理二维类型的变形。而在这种类型的结构中协调员和课程领导人成为管理层的补充部分。这些人举行自己的相关会议，制定自己的发展规划，向校长和全部教职员汇报工作，以自己领域的工作对整个学校政策作出贡献。

第 6 类：管理层型。在较大的小学中，校长、副校长、协调员和课程领导人的一些作用由年级主任完成。特别是当学年组比较大时，尤其是这样。这样课程领导和学年主任需要与校长紧密合作，并参与决策，构成了一个管理的母体。

英国重视加强学校与家庭的联系，为改善这种联系，对学校与家庭联系开展了一些调查（见附表）。里兹市政议会长于 1989 年通过了早期教育支持局（EESA）对学校与家长联系的正式要求。这些要求是：

1. 为了支持儿童，家庭与教师应该从一开始就帮助儿童起步；

2. 帮助儿童愉快地掌握必要的技能，使他们能在入学伊始就能有充分的优势；

3. 帮助培养家长对儿童的尊重，使他们在这一过程中能成为平等的伙伴，以便使儿童在完成作业时，能把父母看成可信任的榜样。

附表：里兹市30所小学家庭学校联系方式调查表

传递信息	第 1～10 所	第 11～20 所	第 21～30 所
学校的小册子	6	9	6
信与通知	10	10	10
定期的快讯	5	6	9
学校杂志	0	2	1
乡村堂区的教义	1	1	10
正式会议	7	9	9
非正式会议	4	9	9
课程教育问题座谈	4	6	4
在校内张贴通知	6	9	10
儿童入学			
信件	10	8	10
入学前与学生见面	9	10	
入学前的家访	3	2	7
入学前的游戏活动	7	3	3
家长和儿童小组	4	2	3
活动队（Pack）	3		
家长参与决定	6	8	5
家长参与学校生活			
家庭—学校联络助理	2	0	0
联系教师	0	1	0
家访	6	3	2
家长集会	6	7	6
家长室	1	1	1
家长自办的支持小组	1	1	2
咖啡早会（多为募捐举行）	2	4	6

日托托儿所	3	1	0
开放日	10	8	9
体育锻炼	3	8	4
应邀去听音乐会、运动会和比赛	10	10	
教堂活动	1	0	1
售书	4	9	7
家长帮助			
在家里教儿童	6	6	8
家长现场会	2	1	3
搬运	2	0	2
在阅读和数学方面为班级提供帮助	5	2	5
在做饭和缝纫方面为班级提供帮助	9	6	8
在艺术和手工方面为班级提供帮助	4	5	5
在计算机方面帮助班级	4	2	4
帮助进行结构游戏	4	4	1
帮助开展讲数学和图书活动	4	3	5
帮助开展比赛和游泳	3	3	6
帮助开办学校图书馆	0	1	2
制作游戏服装和道具	7	3	7
帮助学校物品的修理	2	9	7
提供基金	8	2	8
家长舞会	3	5	5
圣诞晚会、旅行等	10		9

资料来源：Robin Alexander，Policy and Practice in Primary Education，R，1992，P. 91—92.

  从上表中，我们可以看到英国家庭与学校经常采用的一些联系方式。这些联系方式可归纳为 4 种类型，即：

  1. 顾问与委托人型；

  2. 官员与请求者型；

  3. 平等的伙伴型；

  4. 非正式的相识者型。

1992 年 2 月英国皇家高级督学特里·梅莉亚向国务大臣提交了

1990—1991学年的年度报告。该报告叙述了1988年教育改革法的实施情况。该报告指出，英国小学有30％仍不能令人满意，在小学高年级课程领域与管理方面还存在许多问题。英国正在加大力度，进一步强化对初等教育的宏观与微观的管理。

（三）教育经费

英国教育经费由中央和地方二级共同负担。初等教育的经费主要由地方政府负责。地方政府根据本地条件与需要划拨初等教育经费。1981—1982年度英格兰和威尔士中央政府和地方教育当局向小学支付的教育经费为2555（百万英镑），其中4/5来自于地方。

1988年，英国颁布的《教育改革法》规定：

1. 地方教育当局拥有的有关管理公立学校经费使用权限，应下放给学校；

2. 以学生人数为标准，一次性向学校拨款；

3. 规定各学校招生的最高标准，并将经费与学额挂钩。

上述规定实质是英国企图用经费使用政策促进校际竞争，以提高办学质量。

第三章　国际初等教育教师的教育

第一节　美国初等教育教师的教育

（一）历史

独立前，美国的教育是宗主国英国教育的移植，没有自己独立的培养初等教育教师的体系。

当时是由新教牧师和学校董事会负责小学教师的申请工作，主要考察申请者的道德品质、宗教的正统性、政治态度和拉丁语、希腊语及基督教方面的知识。

19世纪20年代后，在经济与社会发展的推动下，美国公立初等教育学校迅速增加，而后随着各州强迫义务教育法令的相继颁布，兴办并发展当时主要是培养小学师资的师范教育已经势在必行了。

1839年马萨诸塞州为培养小学教师建立了勒星敦师范学校（Lexington Normal）。这是美国第一所州立师范学校，是美国师范教育的发端。该校受德国师范教育的影响，重视教授法的应用技巧，反映了美国社会东部师范教育的特点，其对象多为美国社会中下层，学校强调教学法的讲授。1853年伊利诺伊州创办了美国第一所私立师范学校，它对入学对象的阶级限制不严格，但要求学生能达到进入高校学习的水平。这些反映了美国西部师范学校的特点。东部注意师范性，西部重视学术性，美国师范教育形成阶段的这一特点在相当长时间内影响了美国小学师资的培养工作。

培养小学教师的最初几所师范学校成立以后，教师从教应具有什么标准的问题提到日程上来了。一些州相继确立了小学教师从教的最低标准。后来各州陆续成立了教师资格委员会负责教师资格管理的工作。这一工作包括确认学校或大学参与教师培养工作的资格、制定教师资格标准、颁发资格证书。

19世纪末，培养小学教师的师范学校获得更大的发展，形成了自己的体系。当时师范学校为中等教育，学制2年，课程趋于一致。这一时期小学教师教育的一个突出特点就是积极接受了裴斯泰洛齐、福禄培尔、赫尔巴特教育理论的影响。

贺拉斯·曼曾在师范学校推广裴斯泰洛齐的教育理论。1890—1900年在美国形成了赫尔巴特运动。1892年成立了"全国赫尔巴特学会"。德国教育家赫尔巴特的教育理论开始取代裴氏在美国的地位。

另外一位德国教育家福禄培尔的教育著作也对美国师范教育产生了重要影响。

正是由于上述这些近代卓越教育家思想与理论的影响，美国小学教师教育开始具有教育理论的内容与色彩。教育心理学成为小学教育培养的教育课程，裴斯泰洛齐的实物教学法、福禄培尔的著作成为教学的重要内容。

20世纪初到第二次世界大战前夕，随着工农业的进一步发展和初等教育本身的进步，出现了建立教学专业（Teaching Profession）的要求，呼吁把师资训练变为高等学校4年制本科教育。这一时期美国小学教师教育形成了以大学和文理学院、教育学院为主体的美国初等教育教师的教育体系。（见下表）

年份 校别	1870	1890	1910	1930	1950
师范学校	69	210	258	196	5
师范学院			11	140	138
大学、文理学院 和多目标学院	9	25	110	503	765

这一时期的美国小学教师教育由于受到实用主义教育哲学和进步主义教育运动的影响，重在师范性，重在教师的就业准备和教学技能。在课程安排上教育专业课比重大，从40％到60％不等。与此同时，当时美国小学规模小，有许多一室学校，一个教师教几个年级、几门学科。所以师范院校所设学科课程浅而多，无法保证教师具有较深的学科知识和较高的学术水平。

第二次世界大战以后，美国出现了师范教育改革浪潮，小学教师教育也发生了相应的变化。

50—60年代的师范教育改革浪潮是以培养学者型教师为中心的。这一浪潮对战前师范教育中片面注意"如何教"、重教育轻文理、教学方法陈旧、教师证书制度混乱等不良状况进行了批评。

美国著名教育科学家科南特在他的著作《美国师范教育》(The Education of American Teachers)中对这次师范教育改革提出了许多重要建议：

1. 提高师范生素质，尽可能招收全国中学成绩最优秀毕业生的30％攻读师范；

2. 加强普通教育，注重学科培养，精简教育课程，强化教学实习，完善师范教育体制；

3. 建立临床教授制度，强化教学实习。临床教授应该既是大学教授，又是优秀的中小学教师，他应该像医学院临床教授那样，指导实习生的实习教学。这样能够有力地提高教学实习的质量；

4. 严格教师证书制度。科南特建议，美国各州的教师证书申请人必须拥有三个证书，即学士学位证书、教学实习合格证书和学院或大学颁发的教学证书。

如此后马萨诸萨州小学教师许可证的一般标准为：

（1）通晓初等教育内容：阅读、交流（书面和口头）、美术、科学、社会学科、艺术、卫生和体育；

（2）上述的1～2个学科要接近大学最低标准；

（3）了解掌握这些学科间的相互关系。

上述建议成为这一时期美国初等教育教师培养的方向。同时，在提高师资质量呼声的推动下，大学和文理学院逐渐取代师范学校培养中小学师资的职能，并且采用了"4＋1"的培训模式，即4年本科的学科培养加1年的教育专业训练。毕业后授予教学文学士（MAT）学位。这种模式的实质是提高教师的学术水平和使教育专业学习与训练精简且注重实际。

60—70年代的师范教育改革浪潮出现在美国社会危机日趋严重的时候，它是以培养在教育实践上善于处理种种实际问题的临床专家为中心的。这一浪潮对前一浪潮中出现的轻视教育专业训练能力的倾向进行了批评。

斯坦福大学在福特基金会的资助下，提出了"微型教学"（microteaching）概念，强调教学的专门技能。在斯金纳程序教学理论影响下，出现了"教师能力培训法"和"以实施为基础的师范教育"（Performance—Based Teacher Education）。它们的共同特点是：①注重现代科学技术成果的运用，特别是应用信息论、控制论、系统论来探索学校教育与教学的规律；②以培养具有教学实际能力的"临床专家"为目标；③强调以学校或现场为师范教育基地；④重视现代教育技术的应用；⑤考核重点是师范生的教学行为标准和解决实际问题的能力，而不是以书本为主的传统考试；⑥主张通过"临床实践"与现场实践把未来教师培养成为"革新者"。

总之，这一次改革浪潮是把师范教育直接引向实践，使师范生通过具有上述特点的培养，成为合格的教师。

70 年代以后美国逐步提高了对未来小学教师的要求，具体表现在对申请教师证书的要求上。如 1978 年美国佛罗里达州通过了以下法律：

1. 学生必须通过全国范围内学院标准化入学考试，这是获得学习师范教育计划的前提条件；

2. 申请初级证书必须通过有关的综合考试和州教育厅规定的其他程序；

3. 只有在完成了一年教学，并且达到满意水平和有关标准，或完成教育厅建议的一年实习期，才能获得正式的教师证书。

此外，美国初等教育教师的培养十分重视早期教育实践，重视微型教学方式的运用，注意进行个别化教学，对多元文化教育能力的培养，实习教师中心则为实习教师提供实习的环境与条件。

(二)现状

现行的美国教育制度规定，美国初等教育教师均由设在大学的教育学院(系)培养，至少应取得学士学位。

1. 证书

据统计，美国 1982—1983 年培养师资的大学教育系(院)有 1260 个。只有通过在这些机构的学习，才能获得教师资格证书。美国教师的培养实行开放形式，只有获得教师资格证书才可在学校被聘任。美国的教师资格证书制度在于 1825 年首先在俄亥俄州实行。由于美国分权行政制度的影响，各州的中小学教师资格证书制度不同，但在一些主要方面是基本一致的。

各州小学教师资格证书由州教育厅所属的教师资格委员会发放。一方面申请者可以向有关部门提供各种必要的个人文件和学历证件、专业证书等，证明已达到教师资格的标准；另一方面可以参加认可学院(大学)教师培训计划，以获得教师资格证书。

认可学院(大学)的教师培训计划是根据州具体政策制定的。1952

年建立的全国师范教育鉴定委员会规定上述学院或大学必须能提供初等教育教师所需要的 4 年课程。此外，还有 5％的大学教育院(系)的修业年限为 5 年。

一般在认可学院(大学)的教育学院(系)，按对初等教育要求修完该州的教师许可证书法规定的学分，取得学位者即可获得教师资格证书。

初等教师证书的有效期有短期的，4 年左右；发给有学士学位的新教师专业证书，有效期 8 年；永久证书，给有 45 个月至 5 年教龄，且有硕士学位者。

2.课程

在初等教育教师培训计划里设置了学术课程和专业课程。其中，1～2 年学习普通教育课程，然后根据成绩决定是否被录取正式学习。此后，学术课程占 45％，教育课程占 55％。学术课程要求掌握小学课程的科目，并对该领域有一个基本了解；专业教育课程是指教育学、教育心理学等方面的教学。具体设置情况如下：

①普通教育(又称自由教育)部分占师范教育 4 年学位课的 1/3(40～44 学时)，包括社会科学、自然科学以及人文学科的学习；②专业教育课，包括教育史、教育哲学、学校本质、心理学、学习心理、教学评估、教学法及教学实习等课程；③学术性专门学习课程，把与基础教育有关的课程作为自己的专业。

普通教育课程在 33 个 4 年制课程中，要求 39～90 学时不等，普通教育课程包括普通心理学、地理学、外语等。

专业核心课程包括教育学导论、教育心理学、儿童生长与发展、教育与职业指导、测验与测量、教育社会学、教育史和教育哲学，时数为 11～29 学时不等。

学科教材教法课程包括小学各科教材内容、儿童文学、小学教师语言、体育和卫生、营养学、普通教学法课程。时数为 12～36 学时不等。

主修或专攻课程指主修与专攻教育学科以外的文理科目，有外语、各种理科课程及其他领域课程。时数为 14～15 学时不等。

自由选修课程时数为 2～32 学时不等。

一般要求 4 年制毕业生总共学习 120～136 个学时。

35 所院校培训小学教师的课程计划

学科领域或 课程名称	开设这些课 程的院校数	不同的学期 小时学分数	平均学期 小时学分数
教育学导论	24	1 至 4	2.7
心理学——发展——测量	35	3 至 17	3.7
社会学——历史学——哲学基础	24	2 至 6	3.7
课程或教育问题	8	2 至 6	2.5
教学实习	35	5 至 14	8.9
普通教学法	9	2 至 4	2.8
阅读	19	2 至 4	2.5
语言艺术	27	2 至 5	3.6
算术	34	1 至 5	2.4
社会研究	32	1 至 3	2.3
自然科学	34	1 至 6	2.2
体育卫生	33	2 至 7	3.4
儿童文学	23	1 至 3	2.3
音乐	32	1 至 5	2.9
美工	30	1 至 6	3.3
教师语言	6	2 至 2.7	2.1
书法	3	0.7 至 1	8
儿童戏剧	1	2	2.0
视听教育	8	0.7 至 3	1.7
食品与营养	2	2 至 3	2.5
规定的专业选修课	4	3 至 4	3.2
小学课程	3	1 至 4	2.8

资料来源：[美]科南特著，陈友松主译：《科南特教育文选》，人民教育出版社，1988 年，第 416 页。

另以美国弗吉尼亚大学 1986 年 6 月开始实施的师范教育改革计划为例，培养初等教育教师的课程设置如下：

人文学科　英语写作 3（学分）

文学 3

演讲 3

外语 14

1～2 学年

科学—数学　科学 8

数学 3

计算机 3

社会科学　西方文明

美国历史

第一年未来小学教师要学习文理科的普通基础课程有：

人文学科

英语写作

文学

演讲

外语（1～2 年）

科学/数学

科学

数学

计算机

社会科学

西方文明

美国历史

心理学

经济学

体育

体育活动

第二年开始学习教育专业课程，并且设置了见习环节。这一学年是掌握学校的本质、作用、教学和教师的特点、专业决策的观察技能等。

第三年学生已选择了在文理学院主修某一专业。此时期由文理学院教师担任学术专业指导教师，教育学院的教师担任特定的教育课程的指导教师。其目的是完成教育专业学习，主修文理学院的一个专业。除主修学术专业课程外，在教育专业方面课程有：

学习与发展

教学实践理论

特殊儿童教育理论

第四年，第一学期须参加研究生注册考试（RGE）和全国教师考试（NTE），随后在教育学院攻读研究生课程。

课程与教学

教学与评估

教学实践

第五年除了完成文学士所必须的学术课程外，同时还开设的课程有：

教学实习

教学研讨

当代教育问题

现场教育设计[1]

3. 继续教育

美国小学实行的是根据其学位与工龄这些因素而划分等级的所谓"单一工资制"。各州政府根据有关法律规定把教师的在职进修学分同工资等级挂钩。在纽约州的东杰斯特学区，教师工资从第四到第八分

---

[1] 张明高编译：《美国弗吉尼亚大学师范教育改革计划》，《外国教育研究》，1992 年第 2 期。

为五个等级。第四级要求具有学士学位，第五级要另外再加三十个进修学分，第六级需具有学士学位并再加六十学分，第七级还需九十学分，而第八级则需要具有博士学位。另外，进修学分也是从教师转为学校管理人员的必要条件。

美国小学教师的在职培训主要形式有：

培训日：每月一次，教师以学校或学区为单位进行教育科学的学习。

必修课程：地方学区按州教育厅的规定，要求教师在取得教师资格之后，继续在高等学校注册研习专业教育课程。

攻读学位：教师采用注册为高校部分时间制学生的方法来攻读更高学位。

暑期学校：这类学校旨在提高教师的一般专业素质。

讲习班：这种形式主要用来解决一个或几个在教学中普遍存在的问题。

研讨会：通过交流工作经验或教研科研成果以解决实际问题或提高教师的专业素质。

美国各地的大学有关机构还通过兴办暑期讲座、星期六—星期日讲座、业余授课等形式来更新教师知识，并使之取得必要的学分。而这些学分往往是和教师的级别、工资的提升相联系的。有的州要求教师在 10 年内通过进修取得研究生学位，并为此提供免交学费的优惠条件和加薪以资鼓励。

美国小学教师的在职培训除了上述的暑假学校、假日学校以外，在终身教育思想的影响下，这项工作越来越受重视，还成立了其他一些专门性机构，提供了一些新的条件。如 1976 年 12 月，美国总统福特签署了一项在各地设置教师中心的计划；1983 年 3 月，美国众议院通过议案，为加强数学、科学教师的在职进修和新教师培训投专款 2 亿 5 千万美元。

（三）改革

1983 年 4 月美国教育质量委员会公布了题为《国家处在危险之中，

教育改革势在必行》的报告。该报告尖锐地指出，"在美国新的数学、科学和英语教师中，有一半不能胜任本学科的教学工作"。《报告》在美国引起了轰动，推动了美国教育改革的开展，也引起了美国对包括小学在内的师资培养问题的重视。为改善师资不良状况，培养适应未来需要的教师，美国先后出台了许多关于师范教育改革的重要报告，如《明天的教师》《变革师范教育的呼吁》《国家为培养21世纪教师作准备》等。这些报告都一致强调了教师的重要性，认为，没有教师质量的大幅度提高，学生的成绩就不会有多大提高；没有师范教育质量的提高，就没有教师质量的提高，也就谈不上教育质量的提高。

与此同时，美国政府在制定教育改革的战略计划里把教师培养与培训放在一个十分重要的地位。改革主要在三个方面进行：

1. 提高培养与培训的水平

《改进美国学校法》要求通过更好的专业发展提高教师的教学水平。

美国90年代教育改革的一个重点是：加强州政府、学校、学院及教师系统的教师专业发展工作，使教师的教学水平能达到这种挑战性的标准，使教师和其他教育者参与检验、使用和评价有效的教与学的方法。

美国在初等教育教师教育改革中还要求：

改进教育技术在教师培养与培训中的应用，以保证教学的高质量；

具有挑战性的内容与学业标准将导致专业进修的连续性及水平的提高，并促进教师资格的完善；

对教师的调查表明应对更多教师进行强化而持续的专业培训，以便为达到挑战性的标准而从教；

学校条件差的教师参加强化而持续的专业培训比例要接近或高于其他学校。

1994年12月公布的《美国联邦教育部战略规划》提出了2000年达到的美国国家教育目标，其中第7个目标便是：美国教师都能接受旨在提高其专业技能的继续教育，都有机会获得为教好并培养下个世纪美国学生所需的知识和技能。

2. 继续完善教师资格证书制度

美国教育改革的不断发展要求完善教师证书制度，以提供更多的合格的教师。为此，国家开始制定统一的教师标准，教师培养方面更加重视学术性和师范性的有机结合，逐步确定证书期限，取消永久性证书，以促进鼓励教师积极参加继续教育，不断提高专业水平。

选择性资格检定方法。80年代以来美国为了解决师资不足的问题，采取了面向社会，开辟新途径培养新教师。美国一些州开始推行选择性资格检定方法。该方法是指通过与大学或学院合作，使社会从事其他工作人员经过一定的专业培训而成为教师。这种方法拓宽了包括小学教师在内的师资来源，缓解了一些学科教师不足的状况。

3. 以普通学校为基地的教师培养模式

80年代中期以来美国出现了一种以普通学校为基础的教师培养模式。其具体作法是：申请者在冬末春初提出申请，提交所要求的文件，申请者必须有学士学位，平均积分不少于2.5，申请任教科目的平均积分点也不得少于2.5。然后经过审查和口试合格者可以入学。7月末8月初入学者在学区内参观学校，观摩课堂组织、行为管理、个别化教学、教学模式的情况。

暑假后期入学者辞去原有工作，在学校进行为期一年的有报酬的学习期。在为期一年的实践学习中，入学者首先作为教师编在一个班级里，在实践中接受学区师资培训计划的督导员、学区课程专家、校长和校长助理及大学督导员的培养与管理。同时还要上一些专门为他们编制的大学课程。最后实习生要参加学区或州的标准考试，由校长和学区以普通学校为基地的师范教育计划主任推荐他们领取教师资格证书。

此外，在改革中美国正在进一步加强大学、中小学、企业、政府、社区、基金会等组织与机构之间的合作，以培养适应未来需要的小学教师。

由于小学教育广泛地使用先进的教学技术，多元文化融合观念不断深入，以及对教师质量提出的更高要求和教师培养对经费的需求，这些都促使人们认识到小学教师的培养需要社会多方面的密切合作。

第二节　英国初等教育教师的教育

（一）历史

　　英国初等教育教师教育出现较晚。19世纪初工业革命完成之前，英国还没有出现系统的初等教育教师教育体系。当时基督教知识促进会办初等学校是靠师傅带徒弟的方式培训新教师。A. 贝尔和 J. 兰开斯特发明的导生制，实际上也是一种培训小学师资的特殊形式。

　　19世纪中期工业革命对人的素质要求有了很大提高。与之相应，英国的初等教育有了迅速的发展。普及初等教育的问题受到英国政府的高度重视。初等教育的师资问题也提到了国家议事日程。1839 年，英国枢密院教育委员会主席凯·沙图华兹提出只有加强专职教师的培训才能促进初等教育的发展，进而推动英国经济的发展。他专门派人去欧洲大陆考察师范教育。于是，1840 年他以个人名义创办了巴特西师范学校，后归国家所属。当时还出现了其他一些师范学校，多为各教会团体所控制，课程除了强调神学之外，只限于小学课程方面的科目和简单的教学方法，学习期限为几个月至 2 年不等。

　　1846 年，枢密院教育委员会发布文件，决定用国库教育补助金支付获得合格证书教师的工资。这样，英国小学教育作为一种社会职业开始摆脱由神职人员担任的历史。随后为满足初等教育对教师在数量上和质量上的需要，大学开始参与小学教师的教育。1888 年克罗斯初等教育委员会(Cross Commission on the Elementary Education)提议大学建立走读学院(Day Teaching College)培训小学教师。此后，英国曾举办了 16 个师资培训系和走读学院。但时间不长，这些院系均以中学教师为培训目标了，小学教师改归师范院校培养，形成了师范教育的双轨制。

1902 年英国开始有公办师范教育培养小学教师。1904 年英国开办了第一所地方公立师范院校—赫里福德郡训练学院。1904 年以后英国形成了由国家宏观控制，大学、地方教育当局、教会团体参与的教师教育机构组成的师范教育体系（包括地方私立培训学院）。培养小学师资的培训学院规模狭小，设备简陋，课程设置不一，师资质量差，社会地位低，这就造成了一段时期内小学教师教育混乱落后的局面。

二战后，随着经济的发展，社会民主化要求的不断增长，扩大教育机会、延长义务教育年限、废除初等教育与中等教育的双轨制，以及开展继续教育成为英国教育改革的重要议题。英国公布的《1944 年教育法》，肯定了教育部和地方教育当局对教育事业的控制管理权，废除了教育的双轨制，宣布把义务教育延长到 15 至 16 岁。1944 年 5 月，以 A. 麦克内尔爵士为首的委员会（1942 年由英国政府任命）向教育署提交了题为《教师和青年》的报告，该报告被誉为《教师宪章》。该文件为提高教师教育质量提出了 40 多条建议。同时，该委员会还提出了教育质量培训组织的二套方案。

1. 大学教育学院方案。克拉克爵士和伍德等人认为，战后英国教育的发展需要教师必须接受完整良好的普通教育、理论培养和职业培训。原来的师范院校难以完成这一任务，必须使大学运用其优势承担师范教育的任务。为此，①大学必须扩大职能，把师范教育纳入工作范围；②大学建立教育学院，作为本地区师范教育发展的中心；③大学必须改变只培养中学师资的局限，而积极参与小学教师的培训；④利用各种优势，开展教育科学研究。

2. 联合考试委员会方案。委员会主席麦克内尔爵士等 5 人认为，师范学院不一定要接受大学的指导，大学并无能力具体承担师范教育的责任，因此，大学和师范学校在联合考试委员会中应是平等的伙伴关系，必须加强二战前原有的联合考试委员会。

二战后英国政府基本上按第二种方案调整了师资培训的事业。但是，在实际上大学教育学院方案获得了广大教师和社会各界的欢迎，因为它可以改善师范教育，特别是小学教师教育的规格和地位，统一标准，提高师资质量。所以二战后不久，就建立了伯明翰大学教育学院、布里斯托大学教育学院、诺丁汉大学教育学院和南安普敦大学教育学院等第一批地区师资培训组织。

（二）现状

1. 培养机关

二战后英国逐步形成了现行小学教师培养制度。地区师资培训组织是担负小学教师培养与培训任务的重要机关。地区师资培训组织至少要有一个大学参加。其结构是多层次的，领导机构称"大学教育学院理事会"（Board Delegacy），负责学术标准和教学质量的机构是"学术委员会"或称"专业教育委员会"（Professional Board），负责教学及日常事务的是设在大学内的注册处、总务处、科研处和办公室等。此外还有负责各学科教研的各学科教学研究会。

2. 证书与课程

地区培训组织的主要活动有：兼顾"学术性"和"师范性"，统一课程要求及教学大纲和考试水平，保证"教师证书"的权威性；发挥大学的优势，大量开设培训课程，改革课程，加强课程的深度和质量，延长师范教育学制，实行三年制课程。地区培训组织在其存在与发展的30年间对英国的师范教育发展发挥了巨大的作用，彻底改变了过去人们印象中的师范学院只教上课那点东西的印象，师资培训的概念终于被教师教育的概念所代替，特别是为小学教师教育质量的提高和师范教育规格的统一发展奠定了一个很好的基础。

1963年10月英国公布了关于高等教育改革的《罗宾斯报告》，进一步加强大学与师范院校的联系，在地方师范院校中实施4年制教育学士课程，该课程由有条件的地方教育学院开设，其课程设置、教学大纲和任课教师均由大学认可，学位证书由大学颁发。这样，英国包括培养小学教师在内的整个师范教育取得了大学的地位。以后随着师范教育的发展，1981年，英国完全停止开设低于4年制学位的教师证书课程。

英国现行的小学教师教育的机构有：教育学院、技术教育学院、多科技术教育学院、艺术训练中心、大学教育学院等，招收高中毕业生，毕业后担任小学教师。

英国小学教师教育的课程与证书、文凭、学位联系在一起。这包括：

(1)高等教育文凭课程，2年制，1974年起开设，主要机构是多科技术学院；

(2)教育学士学位课程，原有3年制教育学士(普通)学位课程和4年制教育学士(荣誉)学位课程。其中3年制教育学士学位课程从80年代开始逐渐让位给4年制荣誉学位课程；

(3)研究生教育证书课程。学制1年，对象主要是非师范教育专业的本科毕业生；

(4)1年制教育证书课程，对象是已获得艺术高级资格的学生，为他们提供教育证书课程。该类课程主要由艺术培训中心和艺术学院开设，培养中小学艺术教师。

3. 培养模式

二战后英国小学教师教育的模式主要有两种：

(1)学术性专业学习和师范性教育专业课程同时进行。教育学士课程就是这样进行的；

(2)先进行专业学习，获得学士学位后，再接受一年的教育专业训练，如上述的研究生证书课程和一年制教育证书课程。小学专科教师主要是采用这种模式培养。

英国小学教师培养的标准按1983年9月英国实行的教师职能培养

的新标准文件规定有三：

（1）教师在接受高等教育和职能训练过程中应有 2 年时间学习专业课，小学教师要学习与小学课程相关的课程；

（2）接受教学法课程的充分训练；

（3）小学教师应参与师范生的培养工作。

小学教师教育的课程包括：教育理论课、教育实践课和主要课程（有关学术性专业学习课程）。

教育理论课分必修课与选修课两种。必修课有：教育哲学、教育史、心理学、儿童发展、社会学。选修课有：比较教育、特殊教育、社区教育、教育行政等。必修课一般在前 2 年完成，而后学习选修课。在第 4 年还要学习至少一门研究课程。

各科教学法课每周 6 课时，包括"教学材料的准备"、"教科书的使用"、"教案的制定"和"教学评价方法"等内容。

教育实践课由教学技能课和教学实习构成。教学技能课包括"学校与课堂教学中的人际关系"、"学生个别差异与因材施教"、"语言交流中的问题"、"学习环境、班级作业、小组作业、个人作业"、"备课"等。

教学实习 12 周左右，或集中一次，或分 2～3 次进行。由大学教学法导师和实习生老师负责。

教育学士学位课程则要求学生用 140～150 个半天在中小学体验生活。

4. 继续教育

英国初等教育教师继续教育的机构有：教师中心、教育研究所、教育学院、综合性大学等。培训的方式有暑期学校、讲习班、研讨会等。在实施进修计划过程中英国还把在职进修与学分、学位、提级、增加工资联系在一起，鼓励教师积极参加在职培训活动。

小学在职教师培训的课程主要有 5 类：

（1）补课性的课程，对象为学历不合格教师；

（2）高级研究文凭课，对象为有 3～5 年教龄的合格教师；

（3）教育学士课程，对象为非大学毕业的教师；

（4）教育硕士学位课程，对象为有意深入学习的在职教师；

（5）短期课程，为解决某些教育教学问题而开设，对象为广大教师。

在上述机构中，教师中心是英国小学教师在职培训的重要机构。该中心始建于 20 世纪 50 年代初期。目前该中心遍及英国各地，每个地方教育局都拥有 1～2 个教师中心，乡村地区每个地方教育局都拥有 3～16 所教师中心。

教师中心是在地方教育局领导下从事教师继续教育和地方课程编制的指导工作。

教师中心活动内容丰富，形式多样，包括讲座、学术会议、经验交流、课程学习、咨询服务、图书租借等。

教师中心一个重要的任务是为本地区教师提供多样化的在职培训课程。这些课程包括：小学语文与阅读、小学数学、小学手工、环境研究、音乐、卫生、初等教育通论、小学管理等。上述课程 74％的学习主要在教师中心进行，其他在小学或另外场所进行。

教师中心组织的在职进修类型多样，形式灵活，特别是根据教师需要的短期课程，深受广大教师的欢迎。

（三）改革

重视教师在职教育是英国 80 年代以来教师教育改革的一个突出特点。1985 年 3 月《把学校办得更好》的白皮书指出要把加强在职教师培训作为政府发展教师教育的新举措，所有教师必须定期参加在职教育，学校和地方当局要系统地规划。

教师培养新模式的出现是英国初等教育改革的又一显著特点。

英国初等教育教师一般都是主要由师范院校承担，在这些院校内进行。

1991 年英国全国课程委员会发表了题为《国家课程、师范生、试用期教师和证书教师的职前培训》的调查报告。该报告认为，英国教师不适应新的国家课程和考试制度，刚从师范院校毕业的新教师就面临再提高的紧迫任务。罗宾·亚历山大（Robin Alexander）等人在受教育大臣克拉克（Kenuth Clarks）委托起草的一份对策报告中指出："教师职前培训制度的改革应基于彻底了解现行中小学教育的实际需要。"这一观点被英国教育当局接受，由此英国教师职前培训模式从以大学校内分科教学考试为主向以中小学为基地、以教育教学实践为主渠道、以师范院校理论课教学为辅的新模式过渡。

这种新模式把中小学作为教师培养的基地，中小学校的职能扩大了。在教师职前培养中师范院校与中小学是合作的伙伴关系。

1992 年初，英国教育和科学部要求 4 年制的培养小学教师的教育学学士证书课程（GCE）至少有 1/4 时间放在小学基地进行。1992 年 6 月教育和科学部在补充文件中又明确规定教育学士证书课程在基地学校教育教学实践为 32 周。

这样，小学实际上成了小学教师教育的主要基地。职业技能的培养受到重视，职前培养的实践环节被放在突出的地位上。目前，这场改革面临来自传统观念、模式和学校资源等方面的重重困难和尖锐问题，如何解决这些困难和问题，完善这一模式是一件很困难很复杂的工作。

第四章　国际初等教育课程

第一节　美国初等教育课程

(一)历史发展

课程总是处在不同的演进之中，美国初等教育的课程也是这样。在美国，19世纪80年代美国课程变化的推动力来自美国现代工业化、都市化的历史进程，来自对社会改革的不同思考，来自于欧洲先进教育思想的巨大影响。

1890年美国小学的课程已突破了读写算的范围，而扩展到图画、公民、历史、语文、阅读、拼写法、书法、算术、自然、地理、音乐和体操等。10年后，1900年美国不少小学又增设了卫生、文学、缝纫和手工。美国小学迅速地实现了课程设置的现代化，对美国初等教育的发展发挥了基础性作用。19世纪末到20世纪40—50年代杜威的实用主义教育思想、进步主义教育的课程观对初等教育课程思想的现代化起到了巨大的推动作用。

杜威的实用主义教育哲学，以及在杜威实用主义教育哲学影响之下形成的进步主义教育运动强调教育即生活，学校即社会，教育即经验的不断改造，主张教学以儿童为中心。这些已成为美国现代教育思想的中心内容，对美国20世纪前半个世纪的课程观念与实践产生了重大影响。活动课程的出现与发展，"做中学"教学方法的推广，儿童在课程实施过程中中心地位的确立，儿童兴趣得到高度的重视，课程与生活联系的确立，这些都成为半个世纪过程中美国小学课程批评传统教育课程观，开辟适应社会发展和个人需要的新课程的有意义的探索。

当然，实用主义教育哲学的实践早在20世纪30年代就遭到了要素主义论者的批判，要素主义论者认为新教育软弱无效力。片面强调生活适应，使课程轻浮浅薄。这些批评对包括初等教育在内的整个美国教育产生了广泛的影响，直到50年代后期与学科结构论一起酝酿成为二战后的最大一次课程改革运动。

美国二战后对中小学课程曾进行了一系列改革。

50年代后期，受苏联"卫星"挑战，美国深感"科学危机"，并把这种危机归因于教育。在布鲁纳结构主义课程理论指导下进行了范围广泛的课程改革，旨在改变实用主义和传统教育两个方面影响下学校课程落后的状况。按照要素主义和学科结构理论改革课程，形成了60年代的新科学课程，其中包括小学科学常识6套。这次改革力求使课程编制现代化，过分强调理论知识，脱离当时美国教学条件的实际，结果导致了教育质量的下降。

70年代中期，美国掀起了回复基础运动，在课程设置上提出"回复基础学科"的要求，突出基本学科在学校课程中的核心地位。在初等教育方面重新强调数学、阅读、写作基础课程，取消了新科学课程。小学课程又再次转向传统教育的模式。但又出现了忽视道德教育、体育的现象，学校课程缺乏对学生的吸引力。

1983年4月美国《国家处在危险之中，教育改革势在必行》的报告发表以来，美国初等教育课程又一次进行了改革。1986年9月2日，贝内特发表了《关于美国初等教育的报告》，认为美国初等小学低年级状况良好，只是高年级教学水平不佳。为此，他提出建议：

1. 重新组织小学课程，加强读、写、算和外语教学，规定出明确的课程目标；

2. 彻底改革社会学科课程充斥着零散的、缺乏系统的生活常识内容，社会学科设置的目的是培养儿童具有丰富道德品质、激发儿童探索未来的热情，培养民主价值观，尊重他人，诚实正直，有鲜明的个性。小学社会学科应当是课程改革的重点。

1988年美国总统布什提出了国家教育的整体目标，其中第三个目标是：学生在4、8、12年级时能够证明在英语、数学、自然科学、历史、地理等学科方面具有足够的能力。而后的克林顿政府则在自然科学和历史这两门课程中间又增加了外国语和艺术，作为核心学科。

尽管美国二战后进行了一系列课程改革，但其结果仍不如人意。美国学者雅各森和伯纳（Stephen. L. Jacobson，Robert Berne）首先指出："美国的教育改革，尤其是课程改革虽然范围很广，但是改革不深入；其次，措施方案出台很多，但是这些措施方案本身缺乏统一性和协调性，致使学校和教师在这些方案面前感到不知所措。"[①]

（二）现行课程与改革动向

1. 课程类型与课程设置

美国现行初等教育课程有5种类型：

（1）分科课程，也叫学科课程。这种课程是按不同学科性质和小学不同阶段的教学目标而预先设置的。如：历史、地理、公民等。

（2）综合课程，把两个或两个以上内容相关的科目结合起来，组成一个比较广阔的学习领域，减少学科课程由于分科太多不利于学习的缺点，使学习内容更易于联系实际。如把历史、地理、公民合并为社会课，把阅读、说话、写字、作文、拼写结合成语文课。

（3）核心课程，这是主张以人类基本活动为核心来组织课程。这些基本活动有：保卫人类和物资资源；生产、分配和消费；运输、交通和教育；娱乐、组织和管理；审美和精神生活；创造新的工具和技术。核心课程论者认为，以人类的这些基本活动为核心来组织课程，可以

---

① Stephen. L. Jacobson and Robert Berne, Reformig Education: The Emerging Systematic Approach, School Reform in United States, 1995, P. 4—9.

消除学科课程远离生活的弊病，又可以避免以儿童兴趣和动机组织活动课程的消极后果。

核心课程的编制是根据小学各年级学生的特点，以近及远，逐步扩大加深。

（4）活动课程。活动课程是在杜威实用主义教育思想指导下，在美国进步主义教育运动中首先出现的。活动课程论者反对分科课程，批判传统的教育，认为教育即生活，学校即社会，教育是对经验的不断改造。他们主张以儿童为中心来设计学校的课程（即供学生学习的课程），这种课程就是活动课程。

活动课程是用儿童的基本动机作为课程建设的出发点。这些动机有：

（1）社会动机，跟其他儿童一起活动的愿望；

（2）建设动机，建造东西和加工原料的愿望；

（3）探索动机，好奇倾向和实验的愿望；

（4）表演动机，欣赏和创造各种文艺的愿望。

活动课程就是根据儿童这些动机设计出来的。

现行的美国初等教育课程是根据州和地方当局有关规定，并考虑到国家教育目标由各校确定的。一般来讲，美国小学开设的课程有：阅读、写作、数学、社会、科学、音乐、美术、体育等课程，另有些学校还设置了保健课、家政课等。20 世纪 80 年代以来，美国一些小学还从多元文化角度增加了课程中的民族文化和语言的因素。

华盛顿州马萨·爱兰学区小学周时间表 （分）

课目 \ 星期	1	2	3	4	5	6
阅　读	325	325	300	300	300	300
说　话	225	150	150	140	150	150
拼　写		75	75	60	70	70

书 法	75	75	75	50	30	30
算 术	100	150	200	240	250	250
社 会	75	75	75	200	250	250
理科、保健	75	75	75	200	200	200
美 术	100	100	100	100	100	100
音 乐	100	100	100	100	100	100
体 育	100	125	125	125	125	125
计划时间	125	125	100	100	50	50
自由时间	75	75	75	125	125	125
总 计	1 375	1 450	1 450	1 740	1 750	1 750

2. 美国小学的道德教育

道德教育是美国小学课程的重要内容。美国作为一个移民国家，具有多元文化的背景。美国学校的道德教育经历了曲折的演进过程。本世纪上半叶重视学生的道德品质教育曾是美国学校教育的主流。但是在第二次世界大战后，特别是 1957 年苏联第一颗人造地球卫星上天以后，强权政治支配的美国为了与苏联抗衡，重视的是国民生产总值和核弹头的数量，是年轻一代的智力，而不是个人的道德自律。因此，出现了一个道德教育的"荒凉时代"。而后，从 60 年代中后期开始，由于社会矛盾在美国不断加深，青少年精神危机不断加剧，整个社会呼吁加强学校道德教育。因而，美国的道德教育又进入了振兴和发展时期。1983 年公布的题为《国家处在危机之中——教育改革势在必行》的报告，在美国产生了极大的影响。该报告将学校作为实施品质教育的最好场所。1992 年春美国又发表了《阿斯彭品格宣言》，该宣言再次确认了"尊重、责任心、可靠、关心、公平与正义、公民和公民素质"这样一些核心价值观。

美国小学道德教育正是在上述大背景下不断演进的。当代美国小学的道德教育基本状况如下：

目标：美国小学道德教育的总目标是培养有责任感的、可靠的国家公民，具有明确的国家政治性质。具体目标有 4 条，即：

(1)提高学生的自尊心；

(2)加强学生的自律和修养；

(3)培养决策的技能；

(4)具有积极态度和价值观。

迈阿密大学教授 M. 克里斯坦森等人认为道德品质的目标至少有 17 项内容：

(1)自律；

(2)守信；

(3)诚实；

(4)坚守自我；

(5)利己不损人；

(6)勇于承认错误；

(7)具有良好的运动员品质，重视取胜，但不把它当成至高无上的；

(8)在交际中要有礼貌；

(9)像希望他人如何对己那样对待别人；

(10)懂得个人不是孤立存在的，其行为会影响他人及社会；

(11)逆境中能正确调控自我，具有理智；

(12)努力做好本职工作；

(13)尊重他人财产；

(14)遵守法律；

(15)尊重民主社会的各种自由；

(16)养成各种有益于身心健康的好习惯，消除不良习惯；

(17)没有过早的性体验，有与家庭准则一致的性态度。[①]

措施：美国初等教育在实施儿童的道德教育方面主要是通过行为规范教育，设立专门课程，开展公民教育和纪律教育等措施。

(1)品德教育课的教育

美国不少州通过立法，将学校"品德"、"伦理"、"价值观"作为一门主要的课程。品德教育课就是其中之一。

品德教育课要求学生拥有的价值观是：诚实、真诚、勇敢、信念、公民、容忍、人格、宽容自尊、善良、助人、言论自由、选择自由、机会均等、经济保障、公民权利与义务等。专门为小学生编制的品德教育教科书名为"公民的品德"。全书共分十单元，这些单元包括了上述价值观。每个单元设立有几个行为目的，每一品德教育行为目的又是通过一定数量的课时来实现的。

在通过品德教育课实施道德教育的过程中，教师的态度与作用是十分重要的，这对教师本人的道德水平和教育能力是一个很好的检验。

实施品德教育课有许多方法，主要有讨论座谈、角色游戏、小组工作等。

(2)公民教育

美国小学道德教育一个十分重要的内容是公民教育，而爱国主义教育又是公民教育的核心。美国小学教室都悬挂国旗和所在州州旗，右手放在胸前唱国歌。除此之外，美国小学重视进行美国历史、文化、公民传统的教育。

(3)行为规范教育

美国小学十分重视制定学生品德行为规范。这是小学道德教育的重要措施与内容。进行行为规范教育首先是让学生了解和严格遵守品德行为规范。各小学因其所在地不同，其制定的小学生行为规范也有所不同，但主要的内容是相似的，如自律、信赖、诚实、勇于认错、有礼貌、不侵犯他人、遵守法律等。不少美国小学还制定了学校守则、

---

① 张伟平：《美国中小学的公民教育》，《外国教育研究》1990年第1期，第62页。

班级守则。

在学生行为规范中对于应禁止言行作出了明确具体的规定，使学生举止有所遵循。这些规定都坚决禁止吸毒、吸烟、饮酒精饮料、携带可伤人器械以及与学习无关的物品。对学生课间休息也作出了明确的要求。

美国小学制定了各自的校规，把养成行为规范作为加强纪律教育的重要手段。

如华盛顿阿米顿小学校制定的校规有 10 条：①按时到校；②铃响时迅速排好队；③进入教室保持安静；④不准乱串教室；⑤按规定时间上厕所；⑥在各项活动中注意安全；⑦关心他人，礼貌待人；⑧遇到打架，立即回避；⑨遇到问题向大人报告；⑩放学及时回家。类似这样的校规对于养成学生的纪律性是十分必要的。[①]

美国恢复了在过去 30 年间不少学校已取消了的品德教育。1987 年2 月成立了全国品德教育联合会。该委员会宗旨是协助社区公立学校实施品德教育。该联合会认为，良好的品德标准就是以理解和尊重为核心道德标准，并应按照这些标准行事。为了推动品德教育的健康展开，美国品德联合会制度制定 10 项原则，即：

（1）学校的教职员应成为道德行为的榜样；

（2）在学校生活的各个方面提倡以诚实、有责任感、尊重他人和勤劳等为核心道德标准；

（3）学校应成为友善、互相关心的集体，成为国家追求的文明、友好、公正社会的缩影；

（4）在课内外的交往中，学生应拥有许多能表现责任感，遵守道德标准的各种机会；

（5）有效的品德教育应包括学习上的高标准，并要求学生为达到目标刻苦学习；

（6）教师应通过语言艺术、自然科学和社会研究等学科传授核心道

---

① 李仲汉、韩其洲编著：《世界初等教育的发展与改革》，第 22 页。

德标准，通过阅读、写作和讨论促使学生进行道德思考；

(7)教育应对学生进行道德管束，通过制定并执行有关规定，使学生讲道理，尊重他人；

(8)每所学校都要开展品德教育方面的评估；

(9)学校的校长和教师应会利用学校周围的环境来巩固和发展课堂上学生学到的价值观。例如，学校和社区的服务机关有助于学生学习关怀他人；

(10)父母、机关、企业以及所有成年人都应参加到品德教育行列中来，成为品德培养的正式伙伴。

该联合会认为，必须在每所小学都实行品德教育，只有品行没有知识是脆弱的，但光有知识没有品行是危险的，是对社会的潜在危险。如果学校毕业出来的年轻人才华横溢但不诚实，知识丰富而不关心他人，创造性思维极强但没有责任心，那么美国也不会强大。该联合会指出，在所有学校实行品德教育是任何有效的教育改革运动的一部分。

美国《华尔街日报》1997年2月18日刊登了桑福德·麦克唐奈的题为《教育改革中的道德教育计划》的文章。文章指出美国出现了全国性的品行危机，而这种危机在青少年中间也表现十分突出。各个年龄段的孩子承认有撒谎和盗窃行为的人数空前增加。

作者认为，解决美国品行危机就是要在家庭、学校、企业、政府重新提倡核心道德标准，而最有潜力战胜品行危机的则是学校教育。

第二节　英国初等教育课程

(一)历史发展

1870年初等教育法(亦称"福斯特法")，奠定了英国国民教育制度的最初基础。从此以后，初等教育课程随着英国国民教育的改革与发展也发生了深刻的变化。

根据 1944 年法令，英国初等教育计划是由教育科学大臣经地方当局和学校董事会及校长来制定的。而事实上，教育当局除宗教教育外，不直接过问教学计划的事情。各董事会成员又未必都是专家，所以，课程计划、设置都成为校长的权力。1988 年以前，在英国初等教育的课程设置上，学校校长拥有很大的权力。

在二战后相当长的一段时间里，英国初等教育的主要机关——小学开设的课程有：数学、英语、故事——戏剧、音乐、体育或舞蹈、美术或手工、史地、自然一理科、宗教—礼拜、缝纫、游戏、选修课、电视教育等。选修课是指从木工、美术、手工、戏剧、农业、园艺、数学、缝纫中选修若干项目。

课程安排上，数学、英语、宗教时数超过总数的一半，并且多采取分科上课形式，逐步增加算术、自然—理科的授课时数。

1987 年英国前首相撒切尔夫人在保守党的一次会议上曾指出，为了明天能成功地与日本、德国和美国竞争，我们需要受过良好教育和训练的、具有创造性的年轻人。为了提高教育质量，改变由于分权制度下地方主义思想对课程制度的消极影响，1988 年，英国议会通过了《1988 年教育改革法》，宣布在英格兰和威尔士实施全国课程。

(二)现行课程

英国初等教育现行课程是以 1988 年英国公布的国家课程为基础的。1988 年英国对课程应达到目标都作了严格要求，规定了每一学科应达到的成绩目标，又将每一项成绩目标分解成 10 个层次的具体目标，并为各科教学制订了学习计划。1988 年英国出台的全国课程也具有一定的灵活性。如：学校可以不按规定学科进行教学，可将历史和地理合并成人文学科，但学生对历史和地理规定的成绩目标必须达到。此外，英国全国课程还要求家长了解并监督学校课程的实施。

全国性课程由 10 门学科组成，包括：

核心基础科目 3 门：英语、数学、理科；

基础科目 7 门：地理、历史、现代外语、艺术、音乐、技术、体育。

小学课程中现代外语不是基础课程，小学主要时间用来学习核心基础课程。

英国全国课程计划要求 5～16 岁义务教育阶段的学生每年都必须学习上述的三门核心基础课程和七门基础学科，学校必须有足够教学时间完成核心课程和基础课程的教学目标。

英国全国课程还规定宗教为必修课，宗教教育在英国初等教育课程中占据着重要的地位，英国在相当长的一段时间内是以宗教教育来进行道德教育，但二战后因受多元化社会的影响，宗教教育的地位开始削弱，英国很多公立学校开始设立"个性与社会教育"课来对学生进行道德教育，但由于师资和教学方法等问题，实施效果不理想。

20 世纪 60 年代后期英国剑桥大学研制了一项 8～13 岁道德教育课程计划。彼得·麦克菲尔指导下的"课程发展课题组"编写了《生命线》(1972)和《起始线》(1978)这两个教材。这些教材对英国中小学道德教育发生了持续的影响。

英国教育家不提倡用灌输和说教进行道德教育，而主张以讨论的方式，鼓励儿童自己去探索与判断道德观念。

但英国认为，宗教教育仍然是不可少的。

英国全国课程把宗教列为必修课并要求学校为宗教教育开辟适合的时间。其目的是为了改变道德教育无力的状况，加强道德教育。

除此之外，像健康教育、信息技术这些学科都可以通过其他课程来进行。例如，生物学内容可以加进健康教育。这些学科教育都必须将内容加进基础学科课程，而不能单独再增设课程。

英国小学生的道德与纪律问题受到英国各界人士的关注。

1996 年英国中部的一所小学因 1 名学生的行为问题而被迫暂时关

闭。由于行为问题，该生由校长单独辅导 6 周，但因地方教育部门拒不支付该生单独辅导所需的费用，校长停止了辅导。学校所有教师都表示无法接受该学生，要求家长将该生转走。家长不同意，并表示要诉诸法律。地方教育部门则称由于中央政府政策限制，该部门无权干预此事。结果校长只得宣布关闭学校。

执政的英国保守党提出将加强系统的道德和法制教育，在课程中增加有关传统家庭观念和婚姻观念的内容，加强这方面的教育。英国就业大臣谢泼德对于英国中小学课堂没有强调家庭和婚姻重要性的内容表示了很大的不满。她认为，加强这方面的教育是改善道德教育的最有效途径，明确地向儿童说明家庭的价值观将对社会起保护作用。[①]

英国教育与就业部为此成立了由 100 多名成员组成的研究小组，发表了一份有关道德教育的咨询建议书。这对于今后英国初等教育课程改革，特别是加强道德教育内容将产生一定的影响。

英国全国课程文件要求：

1. 学生和家长应该了解学生每年学什么，以及与全国课程目标和学习大纲相关的事情进行的情况；

2. 教师应该了解学生是如何进步的，以便教师能确定下一步学习的适当方法；

3. 家长、管理实体、业主和地方社区应该了解学校的评估和考试的结果，以及与地方教育局管辖内或附近其他学校比较的情况。为了选择学校，家长也需要了解每个学校课程情况；

4. 地方教育局应该了解其他地方教育局，与地方其他学校和全国平均水平相比，应当保持的到达度；

5. 在国家水平上，中央政府、议会和公众应当能够调整国家标准，并随时改进。

1988 年英国教育法有以下几个特点：

---

① 《对中小学加强法制和道德教育》，《世界教育信息》，1997 年第 3 期，第 19—20 页。

1. 对课程应达到目标作了严格的要求。①全国性课程以每一学科应达到的成绩目标(attainment target，简称 AT)作了规定，不同学科成绩目标数量不同。②全国课程将每一项成绩目标又分解成不同水平(层次)的目标。③全国性课程还为每一学科的教学制定了学习计划，包括教学内容、教学方法和途径的介绍。④按照 1988 年教育法规定，全国性课程不是按照学年而是按照教学主要阶段(Key stages，又译关键阶段)进行的。这是全国性课程的一个重要特点。教学主要阶段分为4 段，各个阶段应当达到的成绩目标因学科而异。

2. 全国性课程教学具有一定灵活性。学校可以不按规定学科进行教学，可以将几个学科组合在一起进行教学，如历史和地理可以合并成人文学科，不过历史和地理各自的成绩目标必须达到。

3. 全国性课程对校董事长提出了要求，包括要求董事长(governor)确保全国性课程在本校的实施，拟定实施全国性课程的经费计划，决定学时和教学时间的长短，回复家长的询问，以及和地方教育当局提高年度执行报告。①

此外，全国性课程还要求家长给予配合，要求家长了解并监督学校的课程实施。

全国性课程的上述特点是英国课程史上从未有过的。从中我们可以看到英国改革课程以提高教育质量的决心之大、计划之细致。有两点需要说明，其一，全国性课程并不代表各学校的全部课程和活动，只是学校必须实施的课程，除了全国性课程之外，学校还可根据学校和地方需要开设课程；其二，全国性课程只起着一种教学计划和教学大纲的作用，它并未要求实行全国统一的教科书。

因此，实施国家课程标准时，英国各地的课程仍然注意结合自己的实际，具有自己的特点。下面以爱尔兰小学课程改革为例来说明。

---

① Department of Education and Science，Towards a National Curriculum，Emerging Issues in Primary Education，The Falmer Press，P. 312—318.

早在 80 年代初期在英国北爱尔兰的许多小学都贯彻了旨在建立学校统一课程的《小学的指导方针》。这是北爱尔兰初等教育改革的重要举措。1990 年 9 月，北爱尔兰已经分阶段在所有的小学、小学后和特殊小学中逐步采用了各种各样的新的一般性课程。可以说，北爱尔兰为实施 1988 年公布的英国国家课程作了很好的准备。

北爱尔兰小学教育为 7 年，第一阶段为 4 年的义务教育，学龄儿童在 4—8 岁之间。

北爱尔兰的课程与威尔士和英格兰的不同在于，它是建立在学习领域理论基础之上的。该理论将小学的教育内容划分为五个领域，即英语、数学、科学与技术、环境与社会和创造与表达，并设立了与此相应的课程。目的是为了使孩子们的学习内容达到广泛、平衡而协调。如下表：

学习领域	英语	数学	科学与技术	环境与社会	创造与表达
义务教育课程	英语	数学	科学与技术	历史、地理	艺术与设计 音乐、体育

另一个北爱尔兰与英格兰、威尔士不同的特点是设教育主题课程。它是法定全部课程的一部分，在第一二阶段有关教育的主题课程是信息技术、健康教育、文化遗产和相互理解的教育。北爱尔兰很重视后两门课程，其目的是想让学生们了解他们的传统和不同于他们的传统，改善与世界上具有不同传统人们的关系。

上述每个主题中都有相应的内容，这些内容都被写进了学习大纲，而所有学科应达到的目标则成为全部课程的有机组成部分。1990 年 9 月，即在把国家课程引进英格兰和威尔士一年后，北爱尔兰小学已开始设置前三个学科，并在 1 年级和 5 年级实施，这三门课程是英语、数学和科学与技术。在 1991 年 9 月，历史、地理和体育也在 1 年级得到实施。

这几门课程各有其特点，北爱尔兰的数学和科学课程，分别将数学与测量、科学与环境结合在一起。地理课，北爱尔兰着重于介绍本地区的地理状况，学生可以自由选择感兴趣的区域的地理状况。北爱尔兰英语课在写、拼和书法三方面规定了应达到的目标。历史课开辟了专门单元，向孩子们介绍"不久以前的生活"。小学新课程的目标正是为了提高教育标准，扩大机会平等，培养学生具有相应的知识、能力和个性品质。艺术与设计、音乐和体育对儿童创造与表达能力的发展有很大影响。这些学科在第一阶段都建立了两个目标，一个制作和创造的目标；另一个则使孩子们有能力评价自己或他人的工作；信息技术则是各门课程目标的一个部分。

尽管北爱尔兰与英格兰和威尔士在课程上有不同之处，但他们对各种不同学科的需要还是十分重视的。正像在英格兰和威尔士一样，在北爱尔兰教育中所涵盖的所有内容都是面向未来的，都从最近几年来的研究成果吸收了适当的内容。

1988年英国教育改革建立国家课程和国家统考制度，加强中央教育行政的权力，削弱了地方和学校的管理教育的权力，特别是课程设置的权力。1988年英国教育改革法推动了初等教育课程的发展，同时，改革也遇到了不少困难和阻力。

（三）改革动向

90年代初期保守党开始对1988年英国教育法作出若干调整。1993年，以沃尔顿勋爵为首的教育委员会发表了《学会成功》的报告，副标题是《今日教育之根本观点和未来战略》。该报告认为要想适应迅速变化的高技术世界、计算机文化世界和全球市场的需要，英国学校必须培养能提高国家科技潜力、使国家领先于欧盟乃至世界的工程师、工人和学者。

该文件认为目前正处在知识革命时代，急需能运用知识的知识工人和知识工作者。文件强调，教育目标不能只限于经济发展，还必须针对学生和社会的精神道德、文化、智力和身体发展。为此，教育任务应该是一代一代地传递诸如公正、尊重人、对团体和社会的责任感、关心他人等人类共同的价值观，传递全人类的文化遗产。该报告认为21世纪英国教育的最重要任务就是从小培养儿童具有成功的能力并且永远成功。

在上述思想的基础上，该报告提出课程应该发现和发展每个儿童内在的一切美好的东西，并把此作为课程内容设计的最高标准。该报告建议以5个基本知识领域来代替英国全国课程规定的3门核心基础课和7门基础课程。这5个领域有：①语言；②数学；③科学和技术；④表现艺术(含体育)；⑤人文学科(含社会学科)。

《学会成功》这篇报告对1988年英国国家课程提出了调整建议，使课程设置增加了包容性和选择的自由度。

1994年面对1988年国家课程实施中遇到的阻力和压力，英国教育部年度报告中宣布：压缩小学教学内容，用200条知识标准代替1000项具体教学任务，给教师更多的自主权和职业自由。特别是该报告强调要加强外语教学，将外语列入初中必修课。在这种要求影响下，现在一些小学开始进行外语教学。

第五章　国际初等教育的教学

第一节　美国初等教育的教学

美国独立以前的教育内容、组织形式、方法和手段基本上是宗主国英国教育的移植。北方建立妇女学校和中部与南方创办的贫民初等小学的主要教学内容是初步的读写算知识和宗教教育问答等常识，称为 4R（Reading，Writing，Arithmetic and Religion）。在教学的组织形式上尚未形成真正的班级授课制，保留着学徒训练的形式。当时初等教育施教对象多为贫苦儿童。

美国独立以后特别是 19 世纪 20 年代以后，美国公立初等学校得以建立与发展，并建立了普及义务教育制度。小学教学内容、组织形式与方法都发生了巨大变化。在教学内容上读、写、算较前更注意了科学性与系统性，并且增加了自然常识、历史、地理、音乐、体育等内容，但《圣经》仍然是小学教育的重要内容。

在教学组织形式上逐步建立了班级授课制，包括复式教学形式，并开始尝试分组教学。

在教学方法方面受到裴斯泰洛齐、赫尔巴特等欧洲教育家的影响，开始注重儿童内心发展规律，采用实物教学，注意运用新旧知识相连的原则。

进入 19 世纪末到 20 世纪中期，美国初等教育发展受到实用主义教育思想和进步主义教育运动的深刻影响。在这种影响下，美国小学教学以儿童为中心，重视教学与生活的广泛联系。在教学内容上注重儿童个人经验；在教学方法上广泛运用设计教学、单元教学；在教学组织形式上发展了小组教学、个别教学形式。

二战后，美国初等教育教学虽又受到了学科基本结构理论和要素主义教育理论的很大影响，但实用主义教育思想影响还是广泛存在的。

（一）教学目的与内容

在教学内容上，当代美国小学较以前无太多变化，只是适应经济与社会的变化，根据科技发展的要求更新并增加了一些内容，如计算机教育、现代外语等。

1994 年美国国会通过的《美国 2000 年教育目标法》提出的八项目标之一就是：

读完 4 年级的学生，应对英语、数学、科学、外语、公民等科目具有实际应用能力，使学生都学会开动脑筋，培养他们的公民品质，有继续学习的能力。

（二）教学组织形式与方法

在教学组织形式上实行灵活的班级授课制，学生可以跳班，不同学科可以在不同年级学习，这也叫弹性升级制。变革传统的班级授课制是美国小学教学组织形式发展的方向。

在教学方法上个别化教学获得了迅速发展。实行个别化教学是为了克服班级授课标准化，忽视个别差异的弱点和局限，充分考虑儿童个体多方面的差异，使教学能面向每个儿童，并使之获得良好的培养。以下介绍几种 80 年代以来美国小学采用的教学组织形式和教学小队教学方法：

小队教学是二战后在美国首先产生的，又称协同教学，实行小队教学。一般做法是：2 名或 2 名以上教师组成教学小组，制订教学计划，分工协作，充分发挥每位教师的才能和特点，共同承担一个班或几个班的教学。

小队教学实施过程中，由对某一课题有兴趣、有一定研究的教师主讲，另外一些教师可以配合教学进行演示或个别辅导。

小队教学一般由三部分组成。这三部分就是大班教学、独立学习和小组讨论。小队教学给儿童自己的学习、研究、作业提供充分的时间和帮助。

教学游戏

美国小学教学十分重视教学游戏。教学游戏具有以下4个特点：①由一个模式、一套规则、一种特定结构和一组游戏者；②游戏者的积极态度；③游戏活动中既有竞赛又有密切合作；④游戏以特定的教学目标定向。美国教育学者认为，教学游戏为获得新知识、掌握新技能提供有效的动机练习，促进儿童的学习行为，理由是教学游戏能够激发学生的学习热情使其兴奋，并体验到成功的欢乐，能够引导学生积极地投入到学习过程中。

多组学校

多组学校是美国威斯康星大学认知学习研究中心建立的不分等的教学组织形式。多组学校的教学充分考虑儿童自己的速率、学习风格、动机和知识起点。学生组织在几个不同年龄组中，每组有100～150名学生，3～9名教师，1个教师助手，1个秘书，1个见习生。一所多组学校有4～16岁，6～9岁，8～11岁，10～12岁等不同组。这是一种不分等级制的形式，抛弃了传统的、按年升级的作法。

双重进度计划

双重进度计划是对小学生同时进行两种分组的办法。儿童半天按能力分组，学习语音、词汇、拼写、语法、阅读、书写、文学、社会知识等必修课；剩下半天，在不分级的垂直组织中，学习数学、科学、艺术、音乐、外语等选修课。

双重进度计划是把传统的分科制与独班制结合起来的一种尝试。

上述多组学校和双重进度计划是对工业革命产物的班级教学形式

的批评与挑战。但这些教学组织形式并没能很好地解决问题，有时会使成绩好的学生自以为是，而能力较差学生的提高仍然是困难的。

（三）一种新的教学模式：以结果为基础的教育

80 年代美国开始推行以结果为基础的教育模式。以结果为基础的教育确信所有学生都能学好，并以学生为中心，以学习结果定向，设计、发展、实施并按既定目标进行教学。以结果为基础的教育包括 4 个要素，即：①规定明确的学习内容；②学生的进步以学习结果为基础；③根据不同学生的需求选择不同的教学手段和评价方法；④为每一个学生提供他所需要的时间和帮助，发挥他最大的潜能。

以结果为基础的教育一方面受到以能力为基础教育的影响，重视确定和评价学生的行为；另一方面受到掌握学习理论的影响，教学面向全体学生，在学生进入一单元学习前，提供给他们足够的时间使前一单元的学习达到掌握的水平，目的是使学生的学习从一次成功走向另一次成功。

以结果为基础的教育要求教师采用适合的方式组织教学。这可以采用教师面向全体学生讲授学习单元，学生按各自的速度在教师的指导下学习，也可以采用个别化教学模式即要求学生学习设计好的材料，自己掌握时间。教师为学生分别进行指导和帮助。

以结果为基础的教育有 4 条教学原则，即：

1. 学生最终的表现是教学设计与实施的出发点和最终目的之所在，教学要明确规定所应达到的最后结果；

2. 教学设计要遵循最终结果的需要，保证最终结果的全部要素都包括在教学之中；

3. 对所有学生都有所期待；

4. 为学生学习的最后成功提供机会和帮助。

实施以结果为基础的教育要求及时了解学生进步程度，提供学习反馈，帮助学生克服困难，并为优秀生加深学习内容。

日常诊断性测验是以结果为基础的教育的重要组成部分。教师要事先编制能覆盖所有要点的试卷，在一个学习单元教学结束时进行测验，以考察学生的进步。错误率在 15％ 以上的学生需要重新学习该单元。在这种学习过程中学生不是面临分数的竞争，而是面对明确的方向不断克服学习困难，不断进步。

目前，美国许多州都在推行这种教学方法，特别是小学教师对实施以结果为基础的教育表现出了很高的热情。

（四）教学评价

学习成绩的评定

美国小学教育教学评定所依据的基本要求是：1. 连续性和定期性；2. 运用效度和信度较高的测量工具；3. 综合地全面地把握学生的进步与发展；4. 为确定教学目的发挥作用；5. 有助于社会广泛认识该学校的教育程序的价值。

美国小学采取一律升级制度，平时测验和考试很少。70—80 年代包括初等教育在内的基础教育教学质量存在问题的严重性引起了美国全国上下的重视。

1975 年佛罗里达州颁布法令，实行全州统考。考试对象在小学是三、五年级，考试科目是语文、数学。而后，美国课程和评估局（SCAA）提出要运用多项选择形式对 7～11 岁学龄儿童的语文、数学和科学进行测试。

布什担任总统时期颁布了《2000 年美国教育战略》。该文件要求确立全国性的教育大纲，建立全国统考制度，初等教育的统考对象是 4 年级。

学生累积记录

美国各州情况不一，但学生的记录是一致的。1964 年美国联邦调查局在由 10 个教育团体的协助参与进行调查的基础上，建议学生记录应包括有 8 项基本内容：①学生姓名、性别、出生年月；②家庭情况和住址；③身体状况；④标准检查结果；⑤入学；⑥学习成绩；⑦转学、退学、毕业；⑧保护和特殊帮助。

小学对学习成绩经常采用的是相对评价方法。

这种记录采取了小学、初中、高中连续记录的方式。这种记录表是用八开厚纸制成，两面使用，小学、初中、高中各使用 2 回，依次递交给学生升入的学校。学生累积记录表格设计情况参见加利福尼亚州洛杉矶学区的累积记录表。

加利福尼亚洛杉矶学区累积记录表（摘要）[①]

正面：

1. 个人记载	
2. 家庭记载	3. 划分学习阶段的标准
4. 集体学习能力检查	5. 学力检查
6. 个人检查	7. 关于发展情况的观察结果
顾问的指示和认定	
（与父兄）谈话	

背面：

8. 关于转出、转进的记载	
9. 特别指导	10. 关于健康情况的记载
11. 家庭对升学、就业的意见	12. 阅读方法与社会科单元

《2000 年美国教育战略》提出要建立学校报告卡制度，由学校定期向学生家长报告学生的学习成绩以及学校落实全国教育目标的进度。

---

① 见《五国普通教育》，日本文部省编，刘树范、关益等译，教育科学出版社，第 113 页。

（五）教科书制度

美国教科书制度各州不一，一般是自由发行，不受审定，但各地都实行选定制度。选定制度制定标准与方针，不符合标准的教科书不采用。选定制度又分为州选定制度、县选定制度、市及学区选定制度，对上述的选定制度不同州有自己的选择。除此之外，还有些州对选择教科书只拥有劝告权，如阿拉斯加、依阿华等州。

此外，美国一般设学科的专门委员会，这种组织调查评价教科书，对教科书分别选定，并负责推荐。

第二节　英国初等教育的教学

18世纪在工业革命中形成的英国初等教育学校，在相当长的一段时间内是为社会下层子弟开办的，培养为资本主义生产提供所需要的劳动力。那时初等教育是一种终端教育。小学教学就是为了做好就业的准备，无视儿童的健康发展，所以当时的教学内容主要是浅显的读写算知识和宗教教义。教学方法上和教学组织形式上曾流传过"兰卡斯特—贝尔制"。后来，逐步被稳定的班级授课制代替，讲授法、实物法受到广泛运用。

20世纪以来，特别是二战以后随着科学技术的进步和经济与社会的发展，英国初等教育的目的逐步地发生了根本性的变化。

1931年英国教育咨询委员会在题为《初等学校》的报告中，明确提出了英国初等教育目的是："培养儿童基本的人性力量，唤醒他们对公民生活的基本兴趣，鼓励他们逐步地能支配自己的精力、冲动和情绪……帮助他们发现责任感思想并确信它，发展他们的想象力和同情心，使他们能在以后的生活行动中效仿成功的崇高的榜样。"[1]

二战后，经过改革，英国小学教学各方面都为适应社会与经济发展的需要，而较战前发生了重大变化。

（一）教学目的与内容

英国小学教学目的已根本不同于上一世纪。它已不再是直接培养劳动者的终端教育。目前英国小学教学目的主要包括有：

1. 健康身心的发展；
2. 优异行为的养成；
3. 对环境的认识与兴趣；
4. 观察能力的形成；
5. 课余活动的指导；
6. 科学态度与精神的鼓励。

教学内容一直是英国历次初等教育改革的重要方面。英国传统上侧重教学的人文内容，而1988年英国教育改革则要求学校开设必修的自然科学和技术科目内容，特别重视信息技术的学习，同时还改变了以英语已成为世界通用语言为由反对学习外语的传统观点，一些地方的小学开始进行外语教学。目的是帮助学生作好适应高技术社会生活的准备，以及欧共体发展的需要。1995年小学必修课占总学时的80％。

英国在注意教学内容现代化的同时，又提出了要削减7—11岁小学生的教学内容，给教师更多的自主权和职业自由，以保证教育质量的全面提高。

英国小学教师教师的教学计划包括以下三个方面：

1. 时间

短期／中期／长期

---

① H. C. Dent, Education in England and Wales, Hodder and Stoughton, 1982. P. 76.

每天/星期/半学期/学期/学年

2. 形式

精心设计的有系统的书面教案

简要书写的笔记

"头脑中"的计划

3. 结构

教学大纲的全面计划

递增型教学计划

根据环境与需要编制的专门性计划

英国至今存在着一种意见，这种意见认为书写教学计划是僵化思维与实践的产物。多数教师则认为，实践表明"弹性"在小学教育中是一个害处很大的词。

英国小学教育活动的情况，它的内容、目的、要求都反映在谢菲尔德一位教师的日记里。他写道：

"体育……应该为投掷、攀爬、建造、跳舞等提供机会。这样能够学习新的技能，完善已有的技能。

小学生对他们所生活的世界是十分好奇的，钟怎么走，天为什么是蓝的，什么使树叶落下……十分重要的是，这种探索精神不应该受到阻碍，而应该加以培养。因为这是智力迅速发展的信号，是非常珍贵的教育力量。

个别活动是大量的……要有这样的情境使孩子只有通过学习读、写、算才能达到他们的目标。这些活动都是与孩子们的日常生活紧密相连的。孩子们是现实主义者，他们对生活具有发现的敏感性，但是无目的的学习是没有多大用处的。

应该给语言以充分的注意……戏剧活动是表达和改进语言的机会，但是教师举止的语言例子在儿童语言形成清晰、正确的发音和愉快的语调过程中起着大概是最主要的因素。……

事实上，除了落后生之外所有孩子都能为了知识和愉快而阅读，并在小学毕业前养成阅读的习惯。没有养成阅读能力的孩子需要特殊的教学……因为孩子年龄越大阅读的学习就越加困难。

所有孩子都应该学习写简单的信，学习对学校旅行的叙述或者写日记，并且努力进行创造性的写作，如写冒险故事、游戏或诗歌。这种写作本身不应是目的，但是应该与其他科目联系起来。拼读、语法、标点的教学法依靠着班级活动，但是其目的应该使书写活动充满智慧和兴趣。

数学进步的效率依赖于儿童的能力，但是当他们要小学毕业时，他们应该知道基本规则，掌握几何知识。数学应该以儿童的日常生活为基础，这是很重要的，孩子们通过数数、花钱、使用测量器具学习……

这个年龄段的儿童对美好事物是十分敏感的。音乐、诗歌、艺术和戏剧的美学体验至关重要，不仅从中得到了快乐，也丰富着他们的个性。在童年时期，一种美的体验往往能唤起潜在的天赋。"

这位教师正确地指出：这些学科的掌握在小学阶段结束时会比较困难，因为孩子们"往往开始对他们个人的努力变得有批判性"。所以教师的任务是：

"运用新媒体，谨慎而又有激励性的方法，帮助他们运用更加成熟的判断力与技能，而不丧失自然与创造性……"

"教师作为一个人的影响怎么强调也不过分。"因为：

"在儿童时期健康情感的发展是十分重要的……而养成这种情感就需要有一位在性格上稳定与成熟的教师，他（她）充满同情而不陷入情感冲突。"[1]

---

[1]　H. C. Dent，Education in England and Wales，Hodder and Stoughton，1982. P. 78—79.

（二）教学组织形式与方法

英国初等教育教学组织形式上重视班级教学方式。同时，对小组授课也给予一定的注意。

英国现代教学方法强调：要使学生积极地参与学习过程，进行合作学习。教师的使用不是训诫和用讲授的办法教学，教师应作为发起人创造学习的合适气氛。这种具有进步主义教育色彩的方法对英语、数学、科学和人文学科教学产生了影响。近年来人们对这类方法的作用产生了不同的态度。反对者指出这些方法的运用导致学生识字和算术标准的下降。支持者则认为这些方法使儿童学会了如何学习。实际上在小学课堂上教师往往使用综合的方法。

英国小学设幼儿部（5～7岁），是幼儿园教育与小学教育的中间环节。幼儿部可以是幼儿学校，也可以是幼儿班。小学部根据7岁或7岁半的孩子在幼儿学校或幼儿班的成绩和表现出来的才能编成若干平行班。读写算成绩好，才能表现突出的进"A"班；中等学生进"B"班；没学会读写，天资差的进"C"班。但这几个班不是固定的，一年结束时，成绩显著的学生可转进二年级"A"或"B"班；而成绩下降者，也可能转入二年级"B"或"C"班。英国在小学没有留级制度。

英国初等教育多实行开放教学。为此教室的布置按活动内容安排。如英国里兹市在颁布基本需要计划之后，教室就发生相应的变化。绝大多数教室拥有一个图书角，还有一部分教师把教室分成了6～7个活动角。而一般的是安排4个活动区，即阅读区、艺术区、数学区和文学区。艺术区比数学区和文学区要大；低年级学生艺术区要占教室的1/4，高年级学生的则占1/5。

在伦敦小学里，1/10的教室桌子按排摆放，在里兹市则没有这种摆放方式；在伦敦，课程专用教室布置很少，而在里兹市则是常见的。里兹市小学教室有4种布置。

对视觉感染力的强调和课程专用教室布置拥有从西里丁继承下来在方式上的明显的谱系性。但是，并不是所有的教师都认为课程专用教室的组织是容易的。据调查，至少在一些情况下一些教师手里的这种布置降低而不是促进了学生学习的进步。一般来说，实践活动的引入不是由于确信而是由于责任迫使，其对儿童就产生较多的负面效应。另外，在一个教室里同时展开多种小组活动很难使所有儿童都对所学的东西达到有深度的掌握。

（三）教学评价

英国小学依据平常学习状况用上、中、下三级分数制综合评定成绩。学生情况的累计记录包括：①个性特点；②特殊能力与爱好；③需特别指出的事项；④英语、数学等方面成绩，也包括标准化测试的水平；⑤一般文化水平。除此之外还特别指出学生学习能力与知识方面的特点与不足，学生可能有的能影响学习的疾病，差生的家庭情况等。后一方面的记录近来已遭到公众的反对。

英国认为儿童受教育是一个连续的过程，为了达到在教育培养方式途径方面必要的一致，应该在儿童小学毕业升入中学时将有关情况写成学校记录转给儿童所升入的学校，这是十分重要的事情。

对将升入上一级学校的小学毕业生，小学生所在学校需出具一份《小学评语》材料，供接受学校学生工作的参考。2年后，该校再将《小学评语》写上学生在中学的表现，送还原小学。

记录册

记录册供教师记载一星期各课的记录。在许多学校这是必备的，而且要有校长或副校长签字。有经验的教师不太重视记录册工作，认为这项工作经常与课堂教学没多大的关系。

通知书

英国小学通知书有二类。一类是学期末教师给家长发的通知书，报告学生的学业成绩和行为状况；另一类是一种对难教学生进行监督教育的一种措施。行为经常不良的学生有一个通知书，每节课后他拿通知书请教师写上意见后签名。放学前该生要把这个通知书送交年级主任或校长。这种方法使这类学生注意自己行为，能与班级和睦相处。但是，极个别的劣迹学生会把这种通知书看做是在同伙中地位的象征。

(四)教科书制度

英国政府对小学教科书发行没有任何规定。教科书编写与发行由出版社或地方教育当局自行安排，通过民间自办进行。英国政府设立的课程发展委员会等专门机构只是参与该项工作。

1988年以前英国没有全国课程标准，中小学考试大纲或试题只能在一定程度上影响教科书的编写。1988年实施全国统一课程以后，全国统一考试也会对小学教科书的编写产生影响。

根据英国《1949年教育法》，教科书的选用权在地方，更具体地说是在学校，在学校校长。出版社将样本发至各校，学校校长在作出决定之前须向教师征求意见。一般情况是经校长或校长和教师协商决定。决定之后通过地方教育当局向出版社订书。教科书如何使用，在英国小学也是由校长和教师自行决定的。

在英国教科书属于学校设备，免费向学生供阅。

英国小学一门学科有几种教科书和教学参考书，学生可以选择使用。英国有些小学按能力划分成A、B、C三个不同学习小组学习数学和英语。那么，为此，也要选择和使用不同的教科书及参考资料。

英国负责初等教育的督学在巡视学校时，发现教科书的选择与使用有问题，便直接向校长提出，并要求尽快地解决这一问题。

英国初等教育的教学计划是由教育科学大臣经过地方教育局、学校董事会、校长来制定的，而各校的教学计划主要是根据英国1988年国家课程要求由校长编制的。

小学校长为每个班级规定各科目知识范围，然后由每班级教师编制自己所教科目的教学大纲。在编写教学计划与大纲时教师重视结合当地的环境与条件，英国教育家认为"教学计划没有当地特点的学校不是一所好学校"。1988 年以后，教学计划与大纲的编制还要充分考虑到英国国家课程对小学教育的统一要求。英国教育科学部定期出版教师教学指导手册。

第六章　中国初等教育

第一节　教育制度沿革

(一)现代学制的产生

我国的初等教育可以追溯到三千多年以前。自夏朝以来，我国就有了"庠""校""序"之类的教育机关。当时的教育内容，主要是习射，同时兼以习礼。奴隶社会的教育制度发展到西周时期，已经略成体系。学校有国学和乡学两种。学校的教育内容也逐步扩展为礼、乐、射、御、书、数，即以"六艺"为基本学科，只是在要求上有层次的不同。其小学生的入学年龄，与学生家庭的政治地位直接相关。8岁是王侯之子入国学之小学的年龄；10岁或13岁是公卿之子、大夫之子入国学之小学的年龄；15岁是众子及部分平民子弟入小学的年龄。小学的学习年限约为7年。在我国漫长的封建社会里，各个朝代的教育机构都有所不同，初等教育主要以私学为主。私学可分为两类：一类是在农闲期间为经济条件较差的农民子弟提供最基础的识字教育。另一类常年开课，教学内容除识字外，还有诗赋和儒家经典。其小学生的年龄大致在8岁至15岁之间。一直到19世纪末期，从全国范围来看，整个教育制度仍然是封建社会自然经济的反映，中央官学、地方官学和私学仍完整地保留着。教学内容仍是《三字经》《百家姓》《千字文》，以及经、史、子、集等，仍然以"四书""五经"和学做八股文为主。

我国近代小学是始建于1903年的初等小学堂。1902年清朝政府颁布了我国历史上第一个现代学制——《壬寅学制》。它是清政府实行所谓新政的一个重要内容，即"废科举，兴学校"。这个学制系统在纵的方面将学校教育分为三段七级，第一阶段就是初等教育，分蒙学堂四年、寻常小学堂三年、高等小学堂三年。规定儿童从 6 岁起受蒙学教育四年，10 岁入小学堂学习六年。小学堂的宗旨规定为"授以道德知识及一切有益身体之事"。横的方面，与高等小学堂平行的有简易实业学堂。壬寅学制虽经公布，但因种种原因没有实行。

1904 年，清政府颁布了由张百熙、张之洞和荣庆重新拟订的一系列各级学堂章程，即《奏定学堂章程》，称"癸卯学制"。这是我国第一个以法令颁布，并在全国范围内施行的现代学制。清末民初的新学校教育制度，都以它为主要依据。该学制系统地把学校教育分为三段七级。从纵的方面看，第一阶段为初等教育：包括蒙养院（学前教育）4年；初等小学堂 5 年，儿童 7 岁入学，分完全科和简易科两种。以"启其人生应有之知识，立其明伦理爱国家之根基，并强调儿童身体，令其发育"为宗旨；高等小学堂 4 年，以"培养国民之善性，扩充国民之知识，强壮国民之气体"为宗旨，除一般文化知识外，还加授手工、农业、商业等随意科。除去蒙养院，初等教育分为两级共 9 年。癸卯学制的建立和实施，是我国教育制度发展比较完善的一个重要起点，学制颁行后，各级各类学校获得了发展。据清政府统计，至 1909 年，全国已有小学堂 51678 所。此外，在教学方法上提倡启发，在小学阶段注意废除体罚，在各级课程中引进了不少有关"西学"的教科书。

壬寅学制和癸卯学制相比较，在初等教育和中等教育总年限上都是 14 年，但壬寅学制系统规定小学教育年限为 10 年，而癸卯学制将其缩短 1 年为 9 年。并且在癸卯学制中初等小学堂 5 年、高等小学堂 4年，这两级均可单独设置。癸卯学制公布后，各级教育体制曾有一些修改和变动，比较重要的有：1907 年颁布《女子小学堂章程》及《女子师范学堂章程》，女子教育开始取得合法地位。1909 年颁布《变通初等小学章程》，改初等小学为 5 年完全科、4 年和 3 年的简易科三种。次年，一律改为 4 年制，取消简易科。1911 年，清政府中央教育会议提出 4 年小学为义务教育，并拟定了实施办法。这是我国施行义务教育的开端，但并未真正实施，在广大农村更没有产生什么影响。

1911 年辛亥革命推翻了清朝统治，1912 年 1 月 3 日孙中山在南京组织临时政府，将清政府的学部改为教育部。1912 年至 1913 年临时政府颁布了壬子癸丑学制。这个学制在初等教育方面规定：初等小学校 4 年，为义务教育。毕业后可入高等小学校或乙种实业学校；高等小学校 3 年，毕业后可入中学校或师范学校或甲种实业学校。这个学制的修业年限，自初小至大学共 17 年至 18 年。比 1903 年的癸卯学制缩短了 3 年，即小学缩短了 2 年，中学缩短了 1 年。小学和中学学制缩短是一项重大的改革，它反映了资产阶级普及教育，为现代机器大工业生产服务的愿望和需求。同时该学制还规定初等教育男女可以同校（三、四年级不准同班），这反映了资产阶级对男女儿童在教育上的平等要求，是我国教育史上的一大进步。另外根据新的教育宗旨，对课程进行了改革，小学一律废止读经课，注重手工科，加强中小学的实业学科和职业教育。壬子癸丑学制与癸卯学制相比较，一个突出的特征是初等教育年限和初级中等教育年限的改变。癸卯学制初等教育和初级中等教育是九、五分段，共计 14 年，而壬子癸丑学制初等教育和初级中等教育则是七、四分段，共计 11 年。后者比前者总共缩短了 3 年，其中初等教育阶段就缩短了 2 年。我国从 1903 年产生现代学制，到 1913 年壬子癸丑学制的颁布，历经 10 年，在初等教育和初级中等教育年限上就有如此大的变动，是学制改革上的一大进展。

壬戌学制，即 1922 年新学制系统，又称为"六·三·三·四"学制。这个学制以适应社会进步之需要，发扬平民教育精神，谋个性发展，注意国民经济力，注意生活教育，使教育易于普及，多留各地方伸缩余地等七项标准制定，并提出各期分段以儿童身心发展为根据，具体采用美国的学制，规定初等教育 6 年(四、二分段)，中等教育 6 年(三、三分段)，高等教育 4 年至 6 年。这个新学制在中小学这一段俗称"六·三·三制"。在初等教育方面，其主要内容有：小学校修业年限为 6 年，分初、高级两级，前 4 年为初级，义务教育年限暂以 4 年为准。小学校高级阶段要求根据各地方情形，增置职业准备教育。在课程方面，小学取消修身课，增加公民、卫生课，将手工改为公用艺术，图画改为形象艺术；后又将初小的卫生、历史、公民、地理合为社会科，增加了自然园艺科。将国文改为国语，体操改为体育。壬戌学制系统从 1922 年颁布一直延续到新中国成立。

(二)新中国学制改革与发展

建国后，随着政治经济制度的根本改变，为使我国的教育事业能够适应社会主义革命和建设的需要，根据《中国人民政治协商会议共同纲领》所确定的文教政策，批判地吸收旧中国的教育制度，国务院于 1951 年 10 月 1 日颁布了《关于改革学制的决定》。《决定》指出，我国原有的学制有许多缺点，其中最重要的一点是初等学校修业 6 年，并分为初、高两级的办法，使广大的劳动人民子女难于接受完全的初等教育。《决定》规定，初等教育包括儿童的初等教育和青年成人的初等教育。小学的修业年限为 5 年，实行一贯制，取消初高两级的分段制。入学年龄以 7 足岁为标准。小学应给儿童以全面的基础教育，为失学的青年和成年人设立工农速成初等学校(修业年限二到三年，毕业后须经过考试升入工农速成中学或其他中等学校)、业余初等学校(修业年限暂不规定，以学完规定的课程为毕业)和识字学校(冬学、识字班，以扫除文盲为目的，修业年限不定)。此外，为使不能升学的小学毕业生继续受到适当的教育，小学可附设各种补习班或专业训练班。受过这种补习班或训练班教育的学生，经过考试可插入中等学校的适当班级继续学习。1952 年 11 月，教育部发出《关于小学实施五年一贯制的指示》，决定"全国各地除个别地区外，不分城乡，小学自 1952 年秋季一年级新生起一律开始实行五年一贯制，其余各年级，仍沿用旧制不变。争取到 1957 年秋季，小学全部改为五年一贯制。"但是在实践中逐渐发现实施新学制所应具备的各方面条件并未成熟，所以在 1953 年 11 月，国务院又发布了《关于整顿和改进小学教育的决定》，指出"关于小学五年一贯制，从执行情况来看，由于师资教材等准备不足，不宜继续推行。因此已从本学年起，一律暂行停止推行，小学学制仍沿用四·二制，分初、高两级"。

我国在所有制的社会主义改造完成以后，为了使教育能更好地适应社会主义建设的需要，1958 年 9 月，中共中央、国务院发出了《关于教育工作的指示》，再次提出现行的学制需要积极、妥当地加以改革，应当规定全国通用的新学制的问题。此后，学制改革实验在全国各地蓬勃兴起。据《中国教育年鉴》记载，到 1960 年上半年，全国实验小学五年一贯制的省市包括河北、山西、辽宁、吉林、黑龙江、陕西、甘肃、青海、上海、江苏、安徽、江西、湖北、河南、贵州等 15 个。同年 9 月，根据 27 个省、市、自治区的统计，进行学制改革实验的学校总计 92341 所，占这些地区小学总数的 14.77%。有个别地区的小学全部实行了新学制。在此期间，许多学校曾一度出现了过分缩短年限，过多地增加劳动，过多地下放教学内容等偏差现象，忽视了学生的生理特征和循序渐进的教育规律，使学校的教育质量受到了严重的影响。

从 1961 年到 1964 年期间，中央和教育部对 1958 年兴起的大规模的学制改革运动进行了总结和调整。1961 年 2 月，中共中央批准中央文教小组《关于 1961 年和今后一个时期文化教育工作安排的报告》，指出在学制改革方面，准备在 10 至 20 年内，分期分批改为中小学十年制。今后不再进行九年一贯制实验，并停止春季招生。至 1961 年底，全国进行小学学制改革的实验面虽然已经扩大到 27 个省市，但实验学校的数目已缩减到 4 000 所左右。同年 4 月，教育部发出通知，规定人民教育出版社编辑出版的中小学十年制课本，供实验十年制的学校1961年秋季的初小一年级和初中一年级选择试用，进而从教材上保证了实验的顺利进行。在此期间中共中央分别正式批转下达了全日制中、小学及高校暂行工作条例，以达到全国提高教育质量的目的。1964年7月，教育部发出了《关于坚持进行中小学教学改革实验工作的通知》。《通知》回顾了1960年以来实验工作的成绩的主要经验，认为"中小学校教学改革实验工作，在1960年开始时，不少地方采取了积极的态度，但是，由于缺乏适当的控制，以致实验面过大，要求偏高偏急，曾走过一些弯路。在纠正了上述偏向以后，凡是踏实认真进行实验工作的，都已取得了显著成绩，实验结果一年比一年好"。《通知》指出，"教学改革是一项非常复杂的工作，需要经过完整的实验过程，反复地进行实验研究，才能得到正确的结论。这是要用10年20年的时间来完成的任务，不能求成过急。对实验什么学制，达到什么要求，各年级教学的基本内容和进度如何安排等等，都需要拟定实验方案，使之有准备、有步骤地进行。实验要从一年级做起，不宜套级过渡。实验学校不宜过多，一哄而起是不适当的；太少了，也不利于总结经验，遇到困难就一风吹掉则更是不对的"。《通知》还指出，现在可以看出，五年一贯制小学完成六年制小学的教学任务，比较有把握，经过总结，逐步推广，可使我国中小学学制缩短一年。到1964年底，坚持小学学制实验的省、市、自治区有25个，学校约有一千余所。

1977年8月，邓小平同志在科学和教育工作座谈会上发表了《关于科学和教育工作的几点意见》的讲话，明确指出"教育制度中有许多具体问题。一个是学制问题。是否先恢复小学五年，中学五年，以后再进一步研究"。1980年12月，中共中央颁发了《关于普及小学教育若干问题的决定》，《决定》中说，"普及教育，涉及到学制问题。中小学学制准备逐步改为十二年制。今后一段时期，小学学制可以五年制和六年制并存，城市小学可以先试行六年制，农村小学学制暂时不动。教育部应当尽快提出学制改革方案，确定统一的基本学制"。这是中央对学制改革问题所作出的一个重要决策。从党的十一届三中全会以来，我国中小学学制一直处于多种学制并存的局面。概括起来主要有以下几种。

1. "六三"制　即小学六年，初中三年。这个学制在我国实施的时间最长，使用范围也最广。它在整个教育事业发展中发挥了巨大的作用，培养了大批的人才。但也应看到，随着时代的发展，"六三"制已显露出许多严重的弊端。主要是初中三年学习时间太紧，学生的课业负担过重，进而影响了教学质量。

2. "五三"制　即小学五年，初中三年。目前这种学制在一些省市，尤其是许多农村仍在执行。由于我国实施九年义务教育，因此它只能作为一种过渡学制在一定时期内存在。正如李鹏同志在关于《义务教育法》的说明中所说："在农村，小学和初中的学制年限多为'五三'制，在师资、校舍、设备和经费都存在较大困难的情况下，勉强在短期内过渡为'五四'制，实际上并不利于广大农村普及初中教育。因此，在实施九年制义务教育过程中，应允许'五三'制作为一种过渡性学制在一定时期内存在。"

3. 九年一贯制　即将小学、初中教育作为一个整体，协调安排九年的教育教学内容。目前这种学制只是在少数地区的一些学校实行。从这些学校的实验情况来看，九年一贯制对于不间断地提高基础教育质量、帮助学生克服小学与初中衔接时在心理、学习、生活等方面的不适应、合理调整九年之间的教学内容密度、加强教育行政部门的整体管理等都具有积极的作用。由于我国目前实施义务教育的现状尚不平衡，九年一贯制很难作为基本学制加以推广。

4. "五一三"制　即小学五年，初中四年，但初中第一年仍在小学进行，这一年的教学计划、教学大纲和教材都是初中的。这个学制是在当前初中校舍存在困难的情况下向"五四"制过渡的一种形式。

5."五四"制　即小学五年，初中四年。这是自建国以来经过多次学制改革实验，逐步总结探索出来的一个新学制。近些年来，各地在进行"五四"制区域性实验的过程中，努力贯彻实事求是，因地制宜的原则，从本地的实际情况出发，都取得了较好的成绩，创造出一些各具特色的过渡模式，如山东诸城模式、湖北沙市模式、上海模式等。实践证明，小学实行五年制，只要教师队伍合格是完全可行的。把小学的学习年限缩短为五年，可以减少不必要的浪费。据国家教育委员会计划建设司主编的《中国教育统计年鉴(1991—1992)》的有关资料统计，到 1991 年底，全国实行五年制的小学校数目为 301106 所，占全国小学校总数的41.3％；实行九年制的教学点数达 80929 个，占全国小学教学点数的 44％；经过四十多年的实验研究和多方位的理论探讨，"五四"制已越来越显示出其优越性，它符合世界学制改革的发展趋势，适应我国的社会经济发展的需要，有助于儿童身心的健康发展，必将成为具有我国特色的基本学制。

第二节　普及义务教育

1904 年(清光绪二十九年)中国清政府颁布"癸卯学制"，规定义务教育的期限为五年。辛亥革命后，"壬子癸卯学制"规定初等小学四年为义务教育，"凡达学龄者，皆得入初等小学"。1915 年，北洋政府教育部公布《国民学校令》，改四年制初等小学为"国民学校"。以后，国民党政府也曾规定实施义务教育，但由于其政治腐败、经济落后，从未真正实现，致使基础教育十分薄弱，文盲半文盲约占人口的 80％以上。这既是我国经济文化落后的具体表现，也是其根本原因。为了改变这种状况，在推翻国民党的反动统治后，1949 年《中国人民政治协商会议共同纲领》就庄严宣布：在全国"有计划地实行普及教育"。1951 年教育部召开第一次全国初等教育及师范教育会议，明确指出，从 1952年开始，争取十年内基本普及小学教育。1956 年最高国务会议通过的

《全国农业发展纲要（草案）》规定："从1956年开始，按照各地情况分别在七年或者十二年内普及小学义务教育。"同年，刘少奇同志在中共八大《政治报告》中提出："在十二年内分区分期地普及小学义务教育。"1958年9月中共中央、国务院《关于教育工作的指示》规定："全国应在三到五年时间内基本上完成扫除文盲、普及小学教育"的任务。1959年中共中央文教小组要求，第二个五年计划期间（1958—1962年）普及小学教育，第三个五年计划普及初中教育，等等。可以看出，党和政府已经把在全国普及小学教育作为国家的一项大政方针，我国的小学教育在这段时期有了很大的发展。1980年12月，中共中央、国务院作出《关于普及小学教育若干问题的决定》，进一步强调"经济比较发达、教育基础较好的地区，应在1985年前普及小学教育，其他地区一般应在1990年以前基本普及，极少数特困地区，普及期限还可长一些"。为了提高广大干部群众，特别是各级领导对基础教育的重视，增强依法治教的观念，确保普及工作的顺利进行，1986年4月，第六届全国人民代表大会第四次会议通过了《中华人民共和国义务教育法》，这是我国历史上第一部较完整、较成熟的义务教育法。它的第七条规定："义务教育可以分为初等教育和初级中等教育两个阶段。在普及初等教育的基础上普及初级中等教育。"这就是说义务教育法首先保证小学教育的普及。《义务教育法》实施十年来，我国的基础教育发生了显著的变化，步入了建国以来发展的最好时期。据《中国教育报》1996年4月19日发表的统计公报表明：到1995年底，全国普及小学阶段义务教育的县（市、区）达到1025个，约占全国总县（市、区）数的36％，小学阶段在学人数继续增加，入学人数占学龄人口比例继续提高，辍学人数减少，连续完成五年学习的人数比例增大。全国小学66.87万所，招生231.81万人，在校生13195.15万人，比上年增加372.53万人；小学学龄儿童入学率达到98.5％，其中男女童入学率分别为98.9％和98.2％，小学学生五年巩固率为82.78％，其中女童为82.47％。

根据儿童身心发展的一般状况，义务教育的入学年龄以6周岁为宜。因此，《义务教育法》规定："凡年满6周岁的儿童，不分性别、民族、种族，应当入学接受规定年限的义务教育。"但是，我国目前绝大多数地区小学的入学年龄为 7 周岁，如果要求在短期内全部过渡到 6 周岁入学，在师资、校舍设施和经费方面都可能有困难。因此，《义务教育法》又规定："条件不具备的地区，可以推迟到七周岁入学。"当这些地区创造了必要的条件时就可以逐步过渡到六周岁入学。

投入必要的教育经费，逐步改善办学条件，是实施义务教育的物质基础和重要保证，也是发达国家普及义务教育得以成功的重要原因之一。四十多年来，我国在普及义务教育方面走过了一条曲折的道路，逐渐形成了独具特色的投资格局，积累和概括出许多有益的经验和理论。

1. "两条腿走路"的历史经验。1951 年 11 月中央教育部《关于第一次全国初等教育会议的报告》指出，小学教育经费采取政府统筹与发动群众办学相结合的原则，在城市依靠工、矿、机关等单位办学；1958 年 9 月，中共中央、国务院《关于教育工作的指示》把小学教育的发展方针进一步概括为，在统一目标下，国家办学与厂矿、企业、农业合作社办学并举。这样就形成了国家办学与厂矿企业、社队办学相结合的"两条腿走路"的方针。从建国初期到 70 年代末，"两条腿走路"办学一直是我国基础教育发展的指导方针，也为基础教育投资指明了方向。但是在"两条腿走路"方针指导下的实践过程中，却过分强调了厂矿企业、社队办学，而这些社会团体的投资有限性和投资努力程度的局限，导致了我国基础教育的办学规模和质量规格的非标准化、非规范化，从而直接影响以后教育的发展。我国目前所谓的历史欠债太多，教育投资短缺是与此有很大关系的。

2. "两个增长"的理论。1986 年 4 月颁布的《中华人民共和国义务教育法》中第 12 条规定："实施义务教育所需事业费和基本建设投资，由国务院和地方各级人民政府负责筹措，予以保证。""国家用于义务教育的财政拨款的增长比例，应当高于财政经常性收入增长比例，并使按在校学生人数平均的教育费用逐步增长。"这就是义务教育投资"两个增长"理论。义务教育经费做到"两个增长"，中央财政是一个方面，另一个方面是地方财政，两个方面都要予以支持和保证。"七五"期间，国家财政用于教育的事业费已达到 1166 亿元，比"六五"期间增长 72%，已高于同期财政计划增加比例。如在我国各个不同历史时期，初等教育投资占国家教育财政支出的比例，1952 年为 56.67%，1957 年为 55.92%，1965 年为 54.15%，1978 年为 32.29%，1980 年为 33.45%，1986 年为 45.86%。这说明我国义务教育投资在教育投资总支出中占有重要地位，符合世界义务教育投资的一般趋势。

3."多渠道集资"的模式。1985 年《中共中央关于教育体制改革的决定》中指出："地方要鼓励和指导国营企业、社会团体和个人办学。并在自愿的基础上，鼓励单位、集体和个人捐款助学等。"《义务教育法》中规定："国家鼓励各种社会力量以及个人自愿捐资助学。"这些法律条文标志着我国义务教育"多渠道集资"模式的形成，即充分调动社会各方面办学积极性，多渠道筹措教育经费的义务教育投资主体多样化的模式。这个模式的建立，彻底结束了长期以来教育经费单靠国家财政拨款的单一的教育投资体制。1991 年预算外教育资金已达 203.6 亿元，相当于国家财政预算内教育经费的 42.2%。具体情况如表 1。

表 1　1991 年教育经费来源情况表[①]

序号		金额（亿元）	比例（%）
1	财政预算内教育经费	482.18	65.92
2	勤工俭学与社会服务收入用于教育部分	37.22	5.09
3	各级政府征收用于教育的税费	52.71	7.21
4	学杂费收入	32.35	4.42
5	捐（集）资助学收入	62.82	8.59
6	企业办学校教育经费	42.66	5.83
7	其他	21.57	2.94
		731.5	100

① 龚乃传主编：《中国义务教育学制改革大思路》，人民教育出版社，1995 年，第 286 页。

1993 年 2 月 13 日，中共中央国务院正式印发的《中国教育改革和发展纲要》，把"必须充分发挥各级政府、社会各方面和人民群众的办学积极性，坚持以财政拨款为主，多渠道筹措教育经费"作为建设有中国特色社会主义教育体系的主要原则之一。《纲要》明确指出"要逐步建立以国家财政拨款为主，辅之以征收用于教育的税费、收取非义务教育阶段学生学杂费、校办产业收入、社会捐资集资和设立教育基金等多种渠道筹措教育经费的体制"。实践证明，多渠道筹措教育经费对缓和教育经费的紧张程度，改善中小学办学条件起了积极的重要作用。如北京市实施义务教育所需的事业费从 6 条渠道筹措，即：国家财政拨款，在城乡征收教育费附加收入，区（县）、乡（镇）两级财政超收分成，社会和个人的资助，人民教育基金及校办企业收入。从 1986 年实施《义务教育法》以来，在财政比较困难的情况下，全市教育事业费保持每年平均以 16％的幅度增长，高于市财政增长的比例；预算内教育事业费占市财政总支出的比例已由 1986 年的 16.7％提高到 1990 年的 20.1％；中小学在校生人均经费也分别增长了111.5％和 74.4％，普教事业费支出连年实现"两个增长"。1990 年，北京市在鼓励社会力量和个人捐资助学方面又取得了新的进展：一是自 1991 年财政年度起，城市教育费附加的计征比例由 1％提高到 2％；二是 10 个远郊区（县）全部建立了人民教育基金制度，全年征收约 3600 万元。

党和国家对于贫困地区、少数民族地区发展教育事业更为重视，在财力有限的情况下，加大了支持贫困地区发展义务教育事业的力度，设立了普及义务教育扶贫专款，到本世纪末累计 39 亿元。为实现到本世纪末我国基本普及九年义务教育的目标，中央决定在原来每年 2 亿元的基础上，1995 年再增拨 2 亿元义务教育专款，并逐年增加，计划三年内增加到每年 10 亿元。中央增拨的专款将用于实施"贫困地区义务教育工程"。其工程内容是：集中中央和地方各级人民政府财力，调动人民群众办学的积极性，有重点地改善贫困地区及基础教育发展薄弱地区小学、初中的办学条件，使之达到国家规定的标准，实现《中国教育改革和发展纲要》规定的普及义务教育奋斗目标。另外，国家教委把所掌握的专项经费，如世行贷款、邵逸夫先生的赠款、儿童基金会项目援助款等也主要用在支持贫困地区、民族地区普及义务教育工作上。

随着国家教育经费的逐步增长，坚持多渠道筹措教育经费，80年代以来，我国中小学校办学条件，特别是学校基本建设得到了很大的改善。据国家教委发布的《多渠道筹措教育经费改善办学条件报告》，1987年至1991年多渠道筹措用于改善中小学办学条件的经费共1066亿元，其中国家财政拨款357亿元，社会集资、捐资等各种渠道筹措教育经费709亿元，共修缮、新建、改建中小学校舍总面积达6.72亿平方米，相当于全国中小学校舍总面积的96%以上。现在全国绝大部分地区的中小学校都已基本上实现了"一无两有"，即校校无危房，班班有教室，学生人人有课桌凳。到1990年底，全国中小学危房占校舍面积的比例已由1981年的15.91%下降到1991年的1.6%，全国有13个省、市、自治区已下降到1%以下。

此外，我国中小学装备条件自80年代以来也有较大的改善。十多年来，全国共添置课桌凳1.16亿套，有80多万所中小学校的教学仪器、图书、资料、文件器材和校园设施等有不同程度的充实。从理科教学仪器配备、教学分组实验及图书配备等三项指标分析，到1992年底，小学的达标率分别为12.7%、8.4%和7.5%，也就是说全国有1/10的小学基本上达到了国家教委规定的标准。

第三节 课 程

众所周知，我国的课堂实践历史久远。早在西周时代的学校课程是所谓六艺——礼、乐、射、御、书、数。战国时期儒家孔子的课程，后世称为"六经"，即《诗》《书》《礼》《乐》《易》《春秋》。秦代《乐经》失传，自汉代起尊《诗》《书》《礼》《易》《春秋》为"五经"。南宋的朱熹用其理学观点把《大学》《中庸》《论语》《孟子》作了系统的注释，总称《四书章句集注》，简称《四书》。自此之后，"四书""五经"作为学校的基本内容，直到清末。

清末的封建统治者为了维护其封建专制制度，于1901年公布实行"新政"，"兴学堂"即是其中的一项内容。1902年清政府拟定的《钦定学堂章程》中规定的课程，是近代中国学校课程的开端。清朝末年实行的是1903年《奏定学堂章程》规定的课程。上述章程规定，初等小学堂（5年）设有必修科8门，即修身、读经讲经、中国文字、算术、历史、地理、格致（包括动植物及生理卫生常识）、体操等八科，另以图画、手工两门为随意科。高等小学堂（4年）增加一门图画，格致科中增加矿物和理化常识，并以手工、商业、农业为随意科，每周授课总时数初小为30学时，高小为36学时。

从1911年辛亥革命爆发，建立中华民国，直至中华人民共和国成立初期，曾先后颁布了《壬子学制》《壬子癸丑学制》和《壬戌学制》。其中，《壬戌学制》较前几个学制更加切合国情，更加完善。在《壬戌学制》通过之后，全国教育联合会第八届年会组织了新学制课程标准起草委员会。该会于1922年10月、12月，拟定了中小学各学科的课程要旨，又经过1923年4月和6月两次会议讨论后，确定了新学制课程标准纲要。这一纲要由全国教育联合会刊布后，全国各地都贯彻执行。纲要规定小学设国语（包括语言、读文、作文、写字）、算术、卫生、公民、地理、历史（后四科初小阶段合并称社会课）、自然、园艺、工用艺术、形象艺术、音乐、体育等科。小学授课以分钟计：初小前二年每周至少1080分钟，后两年每周至少1260分钟，高小每周至少1440分钟。

1928年南京国民党政府教育部颁布了《小学暂行条例》，规定小学课程有三民主义、公民、国语、算术、历史、地理、卫生、自然、乐歌、体育、图画、手工等，高小加授职业科目。每周授课总时数一、二年级为 1140 分钟，三、四年级为 1 320 分钟，五、六年级为 1 530 分钟。1929 年 8 月教育部颁布了《小学课程暂行标准》，把原有课程中的公民、卫生、历史、地理合并为社会，三民主义改称党义，图画、手工扩大教材范围，改称美术、工作。高小的职业科目取消，初小社会和自然还可合并为常识一科。各年级的授课时数不变。1932 年 10 月对暂行标准进行了修正，颁布了《小学课程标准》，规定将党义教材融化于国语、社会、自然等科之中，不再专设党义科。另加公民训练，以实施训育标准。将社会、自然两科中的卫生教材内容选出来，单设卫生科、工作改为劳作，其教材包括家事、校事、农事和工艺四部分。每周授课总时数有所增加：一年级为 1170 分钟，二年级为 1260 分钟，三年级为 1380 分钟，四年级为 1440 分钟，五、六年级为 1560 分钟。各地可根据实际需要增减 90 分钟。1936 年 7 月，教育部又对上述标准加以修正，颁布了《修正小学课程标准》，把初级小学的社会与自然两科合并为常识科。一、二年级的劳作、美术合并为工作科，体育和音乐合并为唱游科。卫生科取消，其卫生习惯部分归并在公民训练中、卫生知识部分初小归并在常识科、高小归并在自然科。从四年级开始，算术增加珠算的内容。每周授课总时数有所减少：一年级为 1020 分钟，二年级为 1110 分钟，三年级为 1230 分钟，四年级为 1290 分钟，五、六年级为 1380 分钟。1942 年 1 月教育部又公布了《小学课程修订标准》，规定初小课程科目包括团体训练、音乐、体育、国语、算术、常识、图画、劳作等八科。高小课程科目包括团体训练、音乐、体育、国语、算术、社会、自然、劳作、图画等九科。在这其中高小的社会科包含公民（知识部分）、历史、地理三科，亦以分科教学为原则。每周授课总时数又有所增加：一年级为 1080 分钟，二年级为 1170 分钟，三年级为 1290 分钟，四年级为 1350 分钟，五、六年级为 1 500 分钟。1945 年国民党政府再次修订小学课程，于 1948 年公布。但这一次修订，并没有什么实质性变化，只是将团体训练又改称公民训练，图画又改称美术，原来分科教学的高小社会科和初小一、二年级的音乐与体育、美术与劳作，又改为以混合教学为原则。

建国以后，党和人民政府根据青少年全面发展和社会主义建设的需要，对原来的中小学课程进行了改革。截止到 1992 年底，一共颁发了六个教学计划，编订、颁发过七套教学大纲，组织编写了八套小学统编教材。具体情况如表。

表 2　小学教学计划

序　列	第一个	第二个	第三个	第四个	第五个	第六个
印发时间	1952 年	1955 年	1963 年	1981 年	1984 年	1992 年

表 3　小学教学大纲

序　列	印发时间	名　　称
第一套	1950 年	小学(各科)课程暂行标准(草案)
第二套	1952 年	小学各科教学大纲(草案)
第三套	1956 年	小学各科教学大纲(修订草案)
第四套	1963 年	全日制中小学(各科)教学大纲(草案)
第五套	1978 年	全日制十年制学校中小学各科教学大纲(试行草案)
第六套	1986 年	全日制小学各科教学大纲(修订本)
第七套	1992 年	九年义务教育全日制小学(各科)教学大纲(试用)

1952 年 3 月原教育部颁发了《小学暂行规程(草案)》，共设：语文、算术、自然、历史、地理、体育、图画、音乐等课程。其中，自然、历史、地理从四年级开设。1955 年增设了"手工劳动"科，以利于实施基本生产技术教育。在 1978 年 1 月颁发的《全日制十年制中小学教学计划》中，共设：政治、语文、数学、外语、自然常识、体育、音乐、美术等入门课程。1981 年，为了贯彻党的十一届三中全会以来的政治路线和思想路线，全面落实教育方针，适应社会主义现代化建设的需要，对 1978 年《全日制十年制中小学教学计划(试行草案)》中的小学部分作了修订，将政治课改为思想品德课，同时恢复了地理、历史课。

表4　全日制五年级小学教学计划(教育部 1981 年 3 月 13 日)

周课时/年级 科目		一	二	三	四	五	上 课 总时数	课 时 百分比
思想品德		1	1	1	1	1	180	3.9
语文	小计	11	12	11	9	9	1 872	40.3
	讲读	10	11	8	6	6		
	作文			2	2	2		
	写字	1	1	1	1	1		
数学		6	6	6	7	7	1 152	24.8
外语				(3)	(3)		(216)	
自然				2	2	2	216	4.7
地理					2		72	1.6
历史						2	72	1.6
体育		2	2	2	2	2	360	7.8
音乐		2	2	2	2	2	360	7.8
美术		2	2	2	1	1	288	6.2
劳动					1	1	72	1.6
并开科目		6	6	7	9	9		
每周总课时		24	25	26	27	27	4 644	
课外活动	自习	2	2	2	2	2		
	科技文娱活动	2	2	2	2	2		
	体育活动	2	2	2	2	2		
	周会班队活动	1	1	1	1	1		
每周在校活动总量		31	32	33	34	34		

随着九年制义务教育的实施，1986 年 10 月国家教委根据《中华人民共和国义务教育法》制定了《义务教育全日制小学、初级中学教学计划(初稿)》。

表 5　义务教育全日制小学"六·三"制小学教学计划(初稿)

周课时年级科目	一	二	三	四	五	六	上课总时数	课时百分比
思想品德	1	1	1	1	1	1	204	4.1%
语文	10	10	9	8	7	7	1 734	34.9%
数学	4	5	5	5	5	5	986	19.9%
社会				2	2	2	204	4.1%
自然	1	1	1	1	2	2	272	5.4%
体育	2	2	3	3	3	3	544	11.1%
音乐	3	3	2	2	2	2	476	9.6%
美术	2	2	2	2	2	2	408	8.2%
劳动			1	1	1	1	136	2.7%
并开科目	7	7	8	9	9	9		
周总课时	23	24	24	25	25	25	4 964	
语文　自习	1	1	2	2	2	2		
语文　班队会	1	1	1	1	1	1		
语文　体育活动	3	3	3	3	3	3		
语文　兴趣活动	2	2	2	2	2	2		
周活动总量	30	31	32	33	33	33		
集体教育活动和机动时间	全年两周							

表6　义务教育全日制小学"五、四"制小学教学计划(初稿)

周课时\年级\科目	一	二	三	四	五	上课总时数	课时百分比
思想品德	1	1	1	1	1	170	3.7%
语文	11	11	9	9	9	1 666	36.5%
数学	5	6	6	6	6	986	21.6%
社会			2	2	2	204	4.5%
自然	1	1	2	2	2	272	6.0%
体育	2	2	2	3	3	408	9.0%
音乐	3	3	2	2	2	408	9.0%
美术	2	2	2	2	2	340	7.5%
劳动		1	1		1	102	2.2%
并开科目	7	7	9	9	9		
周总课时	25	26	27	28	28	4 556	
活动　自习	1	1	2	2	2		
活动　班队会	1	1	1	1	1		
活动　体育活动	2	2	2	2	2		
活动　兴趣活动	2	2	2	2	2		
周活动总量	31	32	34	35	35		
集体教育活动和机动时间	全年两周						

根据这份教学计划，小学阶段开设思想品德、语文、数学、自然、社会、体育、音乐、美术和劳动等课程。

思想品德课　进行以爱祖国、爱人民、爱劳动、爱科学、爱社会主义为中心的社会公德教育，理想、纪律教育和浅显的政治常识教育，从小培养学生良好的思想品德和行为习惯。

语文课　使学生学会汉语拼音，掌握常用汉字 2500 个左右。会说普通话，掌握常用词语和一定的写字技能，会使用常用字典，打好听、说、读、写的基础，初步培养观察、思维能力，并进行思想品德教育和审美教育。

数学课　使学生能够掌握整数、分数、小数的最基础知识，正确地、迅速地进行整数、小数和分数的四则运算。学习简单的几何图形、简易方程和珠算知识，学习一点简单的统计初步知识，初步培养逻辑思维能力和空间概念，并能运用所学的知识解决一些简单的实际问题。

自然课　使学生初步认识周围自然界常见的事物和现象，初步了解人类对自然的利用、改造、保护与探索，获得基本的自然常识和生理卫生常识，培养学生学科学、爱科学的志趣和初步的观察、动手能力。

社会课　使学生初步认识常见的社会事物和现象，初步了解一些家乡的、祖国的、世界的历史、地理和社会生活等方面的常识，从小培养他们正确观察周围社会、适应社会生活的能力，接受爱国主义教育和法制观念的启蒙教育。

体育课　学习简单的体育知识和体育卫生保健知识，掌握简单的体育运动的基本技能，培养良好的卫生习惯和锻炼身体的习惯以及朝气蓬勃、勇敢顽强的精神。

音乐课　主要学习我国优秀民族音乐作品，初步接触外国优秀音乐作品，使学生掌握浅显的音乐知识和基本技能，培养对音乐的兴趣以及初步的音乐感受能力、欣赏能力和表现能力。

美术课初步接触我国民族民间的、国外的优秀美术作品，使学生掌握浅显的美术知识，培养手工制作的兴趣和简单技能，培养观察、想象、欣赏能力。

劳动课　通过自我服务劳动、一般公益劳动、家务劳动和简单的生产劳动，使学生初步掌握一些基本的劳动知识和技能，促进学生手脑并用，培养学生的劳动观点、劳动习惯和热爱劳动、热爱劳动人民的感情。

为了适应社会主义现代化建设的需要，建设有中国特色的社会主义现代化教育，基础教育改革正在广泛地开展。其中中小学课程设置的改革是一个重要环节。中小学课程设置、改革的指导原则为：一是建设具有中国特色的社会主义现代化教育。二是把普通基础教育和职业技术教育相结合，加强基础教育，教给学生比较完备的基础知识。三是实施全面发展的教育，要使学生在德、智、体、美、劳各方面得到发展，又要使脑力劳动和体力劳动结合起来。四是在全面发展的基础上发展个人的爱好和特长，以打好全面发展的基础为主，以发展特长为辅。五是中小学教育的组织形式，以课堂为主，课外活动为辅，并使两者联系起来，形成一个有机的整体。六是贯彻循序渐进的原则，按照科学的系统由浅入深地安排课程。运用这条原则，就要对学生的心理发展状态和接受能力，进行深入的调查研究，作出恰如其分的科学判断。七是制订课程表时需遵循一张一弛原则。把多费脑力的课程科目与少费脑力的课程科目穿插开来，使学生的脑力劳动有张有弛，得到适当地调剂，减少疲劳。八是统筹兼顾原则。编写各学科的教学大纲、教科书，进行各科教学。既要按照本学科的教学目的、内容和体系编写和教学，又要横向联系其他有关学科。九是正确处理重点课程科目与一般课程科目的关系。中小学都有一定的重点科目，也有一般科目，但不宜有所偏废，因前者而放松或忽视后者。近年来，随着改革开放的不断深入，全国各地的小学都根据自己地区、学校的实际情况，在课程设置、课时安排上进行了一些新的调整。在此仅列两表予以说明。

表 7　长春市六年制小学授课表(1995 年)

周课时　年级 科目	一	二	三	四	五	六	上课 总时数
语文	9	9	9	9	8	9	1 802
数学	4	5	5	5	5	5	816
品德	1	1	1	1	1	1	204
自然	1	1	1	2	1	1	238
地理					2		68
历史						2	68
音乐	2	2	2	2	2	2	408
体育	2	2	3	3	3	3	544
美术	2	2	2	2	2	2	408
劳动			1	1	1	1	136
周总课时	21	22	24	25	25	26	
科文活动	4	4	3	2	2	2	
班队会	1	1	1	1	1	1	
地方安排	1	1	2	2	2	2	
周活动总量	27	28	30	30	30	31	
晨夕会	每天 10 分钟						

注：全年教学时间为 34 周

表 8　东北师大附小(五年制)授课表(1995 年)

周课时　科目 \ 年级	一	二	三	四	五	上课总时数
语文	9	9	7	7	7	1 326
数学	5	5	5	6	6	918
品德	1	1	1	1	1	170
自然	1	1	1	2	2	238
地理				2		68
历史					2	68
社会			1			34
外语	2	2	3	2	2	374
音乐	2	2	2	1	1	272
体育	2	2	2	2	2	340
美术	2	2	2	1	1	272
写字	1	1	1	1		136
作文			2	2	2	204
劳动			1	1	1	102
电算				2	1	102
周总课时	25	25	28	30	28	4 624
活动　班队会	1	1	1	1	1	
活动　文体活动	2	2	2	1	1	
活动　自习	2	2	1	0	2	
周活动总量	30	30	32	32	32	

对我国小学课程的结构现状进行分析,可以概括出五点:

1. 人文课程地位有所提高。随着人们对学生个性发展需要的日益重视,及其对小学教育是基础教育的重新认识,开始从传统的应试教育向现代的素质教育转轨,表现在课程改革上,即重视像音乐、体育、美术、计算机等发展性课程和自然、地理、历史、劳动等常识性课程这些人文课程。具体表现在：保证课时，增加课时。音、体、美各年级基本上都是每周2课时，计算机各年级1课时；加强师资业务培训。各地学校正在发展性课程方面形成特色。例如，有些小学加强艺术教育，坚持全面育人，开设几十种兴趣小组：小提琴、合唱、图画、摄影、手工等。有些学校积极开展民族艺术教育，包括民族体育、民族舞蹈、民族乐器，已成为学校教育工作的重要组成部分。常识性课程的地位也有所上升，例如，有些学校制订了科技教育的教学计划，自然课1～4年级是每周5节，5～6年级是每周2节；电脑课各年级每周1节，3～6年级开设科技制作课、生活劳动课，各年级每周一节。有些学校从城市小学生的实际出发，运用先进的无土栽培技术实施劳动技术教育，也是具有开创性的。值得一提的是，许多地方编出了乡土历史、乡土地理教材供各年级使用。

2. 综合课程有待发展。刚从幼儿园这样的保护性环境走出来的儿童，身心发展还未成熟，要能够较好适应独立性强、以学习为主的小学生活，无论是生活能力还是心理发展都需要一个过渡阶段（小学低年级）。所以这一阶段有必要实施综合课程。学科之间的交叉性、共通性也为综合课程提供了科学基础。我国这方面起步较晚。四川成都一些小学针对过早实施分科教学之弊端，开设了包括自主学习、自我教育、自我管理在内的"基础能力训练课"。广州某小学把艺术与体育熔为一炉，把劳作、工艺与美术课融为一体，把音乐与美术合二为一，从而培养学生全面的审美能力，促进学生各方面和谐发展，全校还增设了每周2节的社会活动、智力开发、能力训练等综合课。对于这方面还应加强研究，低年级应侧重生活经验方面的综合课研究，中、高年级侧重艺术教育、社会知识、思维能力等各方面的综合课的研究。

3. 活动课程已经起步。随着课程观念的革新、现代教学论的发展，以课堂为本，以教材为纲，以教师讲、学生听为表现特征的传统课程已经日显其局限性，而活动课程作为一种新型的课程形态，随着实践的开展而不断展露出传统课程所不具有的活力，成为一种趋势。这是因为活动课程立足于现代教学论、心理学的理论基础之上。首先，它把学生摆到了学习主体的地位，充分考虑和调动了学生的积极性、主动性和参与性；其次，它以活动为主，既有利于培养学生的操作能力，又能激发学生的创造力、想象力；第三，活动课程打破了课堂、教材的限制，使学生能够深入生活实际；第四，活动课程往往带有综合化、情境化特征，体现出轻松、愉快的学习气氛。如广州市某小学的课程计划已呈学科课程和活动课程分野的局面，活动课程包括队活动、学科活动、科技活动、艺术活动、体育活动等。课时量除队活动是每周一节，其余均是各年级每周2节，占总课时量的1/4。

4. 潜在课程渐露端倪。目前，全国各地小学对潜在课程的研究和实践已经达到了自觉阶段，有意识地建设校园环境和校园文化。深圳育才小学从两方面抓起：一是校园环境，张挂校训，名人名言等，定期布置宣传栏、画廊、过道、楼梯。教室统一标准布置，挂学风标语、中国、世界地图，设卫生角、图书角、生物角、文娱角等。整个校园井然有序，积极向上，文化氛围浓。二是校园精神，树立校风、校训、学风，提倡负责精神，从严作风，建设健康良好的心理环境，设评比栏，旨在创造团结、和谐、民主、进取的校园精神。天津市塘沽区实验小学，除抓好良好的校风、校貌和美好的校园环境、和谐的人际关系等，还通过办家长学校、举办教育咨询，充分发挥家长委员会的作用，把潜在课程延伸到校外，指导学生家庭不断优化教育环境。"对家长开放日"，既推动了学校教育工作的不断改进，又促进了家庭教育水平的不断提高。

5. 选修课程异彩纷呈。目前在小学中普遍开设了选修课程，范围广泛，项目齐全，涉及到个性发展的方方面面，也有固定的时间(一般为1~2小时)、专职任课人员和管理小组。如有些小学的选修课程已具有一定规模，具体分成文艺、科技、体育和智趣四种类型，组织如围棋、国际象棋、中国象棋、合唱、器乐、书法、乒乓球、航模、气象等等。校级组担负正规训练、提高和参赛任务，年级组作为兴趣培养、发展个性的园地。总的来看，选修课程正在朝着多样化、层次化、系统化的方向深入发展。

第四节　教学工作

早在我国古代的商朝即公元前 20 世纪前后，甲骨文中已经出现了"教"和"学"两个字。"教学"二字连用为一词，最早见于《书·商书·说命》："教学半。"《学记》将它作为"教学相长"思想的经典依据。宋人蔡沈注："斅，教也。……始之自学，学也；终之，教人，亦学也。"但这并不是"教学"这个词通常的含义，而只是指"教"的一方面活动，还未包括教师教、学生学的双边活动。《学记》一开始就说，"建国君民，教学为先"。这里的"教学"一词可解释为含有教者和学者双边活动的意思，但其含义较广，与"教育"一词相近，也不能准确反映"教学"的涵义。据有的学者考证，宋代欧阳修在给胡瑗先生作墓表时所用的"教学"二字，才含有专指教师"教"和学生"学习"的涵义。

西周是我国奴隶制社会高度发展的时期，其学校大概可分为"国学"与"乡学"两种，而"乡学"的规模比较简单，只有小学一级。西周的教育内容主要包括德、行、艺、仪四个方面。具体内容上，"国学"与"乡学"略有出入。"国学"中的主要教学内容是"六艺"。其中，"礼"、"乐"属于政治课，"射"、"御"属于军事和体育课，"书"、"数"属于文化课。此外还有"三德"、"三行"、"六仪"之教，作为道德教育，属于政治课范畴。"乡学"的教学内容，依《周礼》记载有："六德"（知、仁、圣、义、中、和）、"六行"（孝、友、睦、姻、任、恤）、"六艺"。分析这些教学内容不难看出，它们都是由造就"修己治人"的治术人才的总目标所决定的，从中也可反映出奴隶社会教学的一个重要特点，即极端忽视生产知识和自然科学的教育。

在我国漫长的封建社会里，蒙学即初等教育主要以私学为主。在这个历史阶段中的初等教育，最基本的教学内容就是授书、背书和写字。在教学中注重强调牢固记忆和基本训练以及培养儿童符合封建伦理道德的品质和习惯。其教学组织形式一般不采用班级制，而是在总的教学计划下，个人进度不一，教师个别教授。有经验的教师采取个别教授的方法，可具有因材施教的效果。

鸦片战争以后，中国沦为半殖民地半封建社会。清政府迫于各方面的压力，不得不废科举，兴学校，改革教育制度。1904年经清政府法令公布了"癸卯学制"，这一学制将"壬寅学制"中的三级十年的小学教育缩短为二级九年，并且在教学方法上提倡理解，注意教学中的循循善诱，纠正了从前教育中专重死记硬背、不求理解的教学方法。在"癸卯学制"中，规定在教学中尽量不用体罚。同时，小学堂普遍实施班级授课制，同一年级的学生，在同一班听教师授课，废除了从前学校中的个别授课制，扩大了施教范围，拓宽了生源，对教育的普及是一大促进。1922年"壬戌学制"颁布实施后，教学改革的活动出现了活跃景象。中国的传统教育，采取陈旧的教学方法，以课本为中心，教师传授教材，学生在教学中始终处于被动的地位，只能死记硬背。至清末"癸卯学制"颁布后，虽也倡导课程与教材的改革，但在教学实践上仍强调讲解诵读记忆。辛亥革命后，随着国外教育思想的传播，西方种种教学方法像赫尔巴特的五段教学法、自学辅导法、分团教授法等都被引进中国。

新中国成立后，如何建设适合国情的新教育，这是一个非常重要、亟待解决的问题。1954年2月教育部颁发了《小学"四二制"教学计划（修订草案）》，如表9。[①]

算术科目从第四学年起开始包括珠算，教学时间平均每周一节。图画科包括绘画、剪贴。

---

① 高奇主编：《中国现代教育史》，北京师范大学出版社1985年版，第314页。

表 9　小学"四二制"教学计划(修订草案)

科目		教学总时数 初级	教学总时数 高级	教学总时数 总计	初小 一学年上学期19周	一学年下学期19周	二学年上学期19周	二学年下学期19周	三学年上学期19周	三学年下学期19周	四学年上学期19周	四学年下学期19周	高小 五学年上学期19周	五学年下学期19周	六学年上学期19周	六学年下学期19周
					每周各科教学时间											
语文	阅读	2 128	760	2 888	11	11	11	11	10	10	10	10	7	7	7	7
	作文								2	2	2	2	2	2	2	2
	写字				3	3	3	3	2	2	2	2	1	1	1	1
	合计				14	14	14	14	14	14	14	14	10	10	10	10
算术		988	532	1 250	6	6	6	6	7	7	7	7	7	7	7	7
历史			228	228									3	3	3	3
地理			152	162									2	2	2	2
自然			152	162									2	2	2	2
体育		228	152	280	1	1	1	1	2	2	2	2	2	2	2	2
音乐		304	76	380	2	2	2	2	2	2	2	2	1	1	1	1
图画		152	76	228	1	1	1	1	1	1	1	1	1	1	1	1
每周各科教学总时间		3 800	2 128	5 928	24	24	24	24	26	26	26	26	28	28	28	28

　　有关教材，教育部在 1951 年下半年统一改编了小学课本。1954 年开始编写全国统编教材。1955 年 9 月，中央教育部发布《小学教学计划》和《关于小学课外活动的规定》。这次发布的《小学教学计划》是根据 1953 年秋季颁发试行并经 1954 年修订的《小学"四二制"教学计划(修订草案)》两年试行的结果制定的。它为基本生产技术教育和加强劳动教育及体育活动的实施奠定了良好的基础，以保证正确贯彻执行全面发展的教育方针。《小学教学计划》如表 10。[①] 1959 年 11 月，教育部提出

---

① 于佩学等主编：《中华人民共和国教育史》，黑龙江省教育出版社，1991 年版，第 70 页。

将初中算术下放到小学，使学生在小学阶段学完算术。1960年4月，中共辽宁省委在黑山县召开了小学教改现场会，对北关小学自1958年开始在语文教学中实行"集中识字、精讲多练，提早写作"，在算术教学中实行"集中学，集中练，学、使、用分步进行"的实验进行了介绍，并对其经验做了细致的总结。这一经验引起全国各地的重视并得以推广。与此同时，北京、上海等地纷纷设立实验学校，进行缩短中小学学制的改革实验，积极组织人力编写十年制学校的教材。

表 10 《小学教学计划》(1955 年 9 月)

科目	各学年每周上课时教						总 计		
	一	二	三	四	五	六	初级	高级	合计
语文	12	12	12	12	9	9	1632	612	2244
数学	6	6	6	7	6	5	850	374	1224
历史					2	2		136	136
地理					2	2		136	136
自然					2	130	130	170	170
体育	2	2	2	2	2	2	272	136	408
唱歌	2	2	2	1	1	1	238	68	306
图画	1	1	1	1	1	1	136	68	204
手工劳动	1	1	1	1	1	1	136	68	204
合计	24	24	24	24	26	26	3264	1768	5032

党的十一届三中全会以后，党和国家对教育工作作出了一系列新的论断和决策，强调知识与人才对实现"四化"的重要意义，使我国各类教育都得到了较快的恢复，开始走上蓬勃发展的道路。1985年5月，中共中央作出《关于教育体制改革的决定》。《决定》规定，发展基础教育的责任交给地方，有步骤地实行九年制义务教育。随着改革开放的深入发展，初等教育进一步得到普及，教学质量逐步提高，具体可概括为以下几点：

（一）明确新时期的培养目标，遵循儿童身心发展规律，改革教学方法

改革开放以来，我国许多教育科研工作者和中小学教师在教学改革的实践中都创造了许多行之有效的教学方法，取得一些成功的经验，收到良好的效果。

1. 加强自学，培养能力。小学教材的编排体现了从易到难、由简到繁、循序渐进、螺旋上升的原则，这为教师组织学生自学创造了良好的条件。教师可以充分发挥教材的优势，运用迁移规律指导学生自学。如有的小学教师在低年级语文的识字教学中，当学生掌握汉语拼音以后，在学习生字时读音要由学生自学；在学习了独体字和偏旁后，多数合体字的音、形都让学生自学。二年级学生学会查字典后，一般字的音、形、义，都在教师指导下由学生自学。这不仅使学生产生运用已学到的知识解决问题的心理体验，体会到成功的喜悦，从而提高了学生的学习兴趣，并从小就培养其自学能力。

2. 认真培养学生读书的习惯。学生读书的形式多种多样，如课前读、课上读、课后读、全文读、分段读、重点反复读等。有的教师根据教材内容先编写提纲，引导学生读书自学、最后再检查学生自学效果。根据学生提出的问题再指导学生深入阅读自学。学生有了阅读教材的习惯后，可以逐步消除依赖心理，增强学习的主动性和独立获取知识的能力。

3. 精心设计，大胆让学生练习。教师通过对自己长期从事教学所累积的教学经验进行分析，发现由教师先讲清教学内容，再让学生练，并且练习内容与教师讲授内容雷同的教学方法限制了学生的创造性思维能力的发展。因此，提倡由教师精心设计，大胆让学生先练，教师后讲，这样有利于培养学生的学习兴趣和自学能力。让学生当堂进行练习，教师可及时发现和解决存在的问题，并对差生进行了个别辅导。

4. 设难布疑，启发思考。好奇心是儿童的天赋，设难布疑能诱发他们的这种天赋。许多高年级数学教师，在指导学生作练习前，都设计一些意料之外、能力之内、具有"知识陷阱"的选择题。概括起来大致有六种类型：①计算失误型。利用学生误用运算性质、法则、定律和公式而出现的典型错误，设置"知识陷阱"，可以加深对运算性质、法则、定律和公式的记忆、理解和运用。②概念模糊型。对于数学概念，有的学生往往只满足于对词语的记忆，而不能深入理解概念的内涵和外延，不善于在解题中灵活运用概念，设置一些可以造成混乱的"知识陷阱"，可促使学生从正负两方面加深对概念的理解。③思维片面型。学生思想方法的片面性是产生错误的根源。教师利用学生在解题中思维上的不完备性的典型例子设置"知识陷阱"，可帮助学生克服思想方法中的片面性，增强思索的全面性。④粗心大意型。通过一些恰当的选择题来时常告诫学生不能粗心大意、马马虎虎，养成认真细致的好习惯。⑤条件隐蔽型。有些学生没有分析出隐含在题目内的已知条件，不假思索地进行运算，结果只能是错。⑥负迁移型。针对相当多的学生在学习数学概念和基本技能时经常受负迁移的影响而出现错误的情况，设置适当的"知识陷阱"，以促使学生加深对概念的理解并熟练掌握基本技能。如在应用过程中学生头脑中已经巩固了的旧知识总是优先得到再现，学生往往习惯用旧知识解题，以致出现解题错误或不合理。在解决问题中，学生动脑、动手，从而发展了智力，培养了能力。

5. 采用多样、生动的教学方式，培养学生的学习兴趣。许多教师在教学中想方设法地创设有趣和谐的气氛，使学生在轻松愉快的情境中高度注意，积极思维，充分发挥出其聪明才智。如在低年级的语文、算术教学中，围绕学习内容组织找朋友、小小邮递员、小小侦察兵等游戏，活跃课堂气氛，培养学习兴趣，效果很好。

充分利用学具，让学生自己动手操作，不仅提高了学习兴趣，而且培养了实际操作能力，加深了对知识的理解。如计算圆柱体的侧面积、圆锥体的体积时，由于学生机械套用公式，经常出问题，而且不易纠正。在教这些内容时，让学生自己利用长方形、正方形的纸片围成圆柱形，用手摸出侧面积是指的哪一部分。这样，学生便看到同高同底的圆锥体与圆柱体的关系。在实验中自己推导出来的公式，容易记忆，与死背公式的效果大不一样。

（二）改革校内考试制度，充分发挥其温故知新、促进智力发展的作用

我国现行的学校考试制度是历史的产物。追溯下去，一直可以从科举制度中找到它的踪迹。延至今日，面对教育要现代化的形势，其内容和形式早已落后，因此考试制度需要改革。校内考试制度的目的应是教会学生学习，它对学生的学习应起到三个作用：第一，提高学生的学习兴趣，增强意志力；第二，学会记忆、理解、想象、操作的方法和能力；第三，巩固课堂上学到的知识，并能创造性地加以应用。近年来，许多小学对现行的校内考试制度之弊端进行了分析，着眼于使教师和学生从考试的束缚和压迫中解脱出来，使考试体现出新的教育思想，成为改进教学的一种调控手段，并着重进行了如下改革：

1. 废除学校统一组织的期中、期末考试，建立以教师为主的平时考核记载、期末各项成绩综合评定的办法。如语文教师的作法是：平时记优，期中小结，期末全面考察。所谓平时记优，是在平日教学和作业中有选择地记载学生成绩，对成绩差的学生，考察要从他们的实际出发，给他们获得较好成绩的机会。如果错误太多，经教师指出后，可以不记考分，下次再作考察。所谓期中小结，内容包括学习态度、学习效果和学习方法等几个方面，总结之前，教师布置提纲，提出要求，然后组织学生互相评议。最后由教师分别对每个学生作出小结。所谓期末全面考察，是一种通过口试、笔试、演示等多种方式的综合

考试，结合平时记优和期中小结，对每个学生一学期的学习成绩作出总的评价。

2. 废止单纯考知识考记忆的办法，建立全面质量型的考察办法。把完整的学科教学目标分解开来，要求在分项考察中都能有所体现。项目多，才能兼顾知识、能力、操作等多方面的需要；才能测量记忆性、理解性和创造性等多层次的质量水平，不致偏废。因为许多项目是平日单项考察的积累，实行起来并不增加教师的额外负担。如四年级语文考察的目标为十三项：查字典、拼音、字词、句子、篇章、朗读、复述、听述、看图作文、命题、日记、写字等，其中许多项都靠平日考察的积累。

3. 废止单一的书面考试，而代之以笔试、口试、演示等多种形式的复合考察。如语文的"看图说话"考察，这是以测试学生观察力和口头表达能力为目的。教师先在教室里出示一幅图画，给学生几分钟考察时间，然后找个小屋子，逐个学生考察。朗读考察，先由教师指定篇章、公布评分标准，给学生一定的复习时间，然后抽签测试。这些灵活的形式，实际上是对教学的补充，对学习的强化。

4. 废止考试管理上统得过死、师生被动的局面，发挥分层管理和自我反馈的作用。学校领导者的任务是：第一，组织教师制定质量检查的规格标准；第二，审查各学科的命题；第三，对各年级各学科考试情况进行抽查；第四，总结考试的成绩，改进教学管理。考试管理的改革，加强了教师的主动性，他们可以从实际出发，选定具体的考试内容、方式和时间，把考试纳入教学系统之内；他们可以大胆地进行教法改革，而不再有后顾之忧。教师既可以运用考试的功能，强化教学效果，又可以根据考试的反馈来改进教学工作。同样，考试管理上的改革，也加强了学生的学习主动性。原来的考试制度，培养了学生的"应试"心理，使学生盲目追求分数，而不追求学习质量。而且这种追求对大多数学生而言是外部动机，是被迫的。改革以后，学生可以选题，一试失败，还可以请求再试，特别是可以参与某些项目的成绩评议，这对减轻精神负担、增强学习兴趣都是很有意义的。特别重要的是学生能够从考试反馈中调整学习，学会学习，这是根本性的改变。

（三）减轻学生过重的课业负担，引导学生和谐发展

减轻学生过重的课业负担，提高教育质量的中心环节是教师要认真钻研教材，改进教学方法，切实抓好课堂教学，提高课堂教学效果。据统计，我国中小学生在校时间居世界之首。除此之外，学生还要做家庭作业，学习几乎占据了他们自由活动的全部时间和空间，给学生造成了沉重的精神负担，影响着学生德智体的全面发展。为了解决这个问题，自1985年以来，国家教委就逐步推行了在已经普及初等教育的地方，取消重点初中，取消初中招生统一考试，凡准予毕业的小学毕业生，实行划片就近升入初中的办法。1988年，国家教委颁布了《关于减轻小学生课业负担过重问题的若干规定》，这个规定是解决减轻小学生过重课业负担的一个行政规章，是教育行政部门和学校的工作规范。近年来，全国各地的小学都深入探讨造成学生课业负担过重的内在和外在原因，积极寻求真正减轻学生过重课业负担、引导学生和谐发展的途径及措施。同时也涌现了一批办学思想端正、全面贯彻教育方针、减轻过重课业负担、促进小学生生动活泼、主动发展的先进学校。从各地学校通过抓课堂教学减轻过重负担、引导学生主动和谐发展的做法中可以概括出以下几个方面：

1. 端正办学指导思想是引导学生和谐发展的前提。主要从三个方面使学校领导和教职员工取得共识。一是认清课业负担过重的危害，下决心还给属于学生的时间和空间。过重课业负担剥夺了儿童最佳发展的可能性，它超出了学生的承受极限，阻塞了在生活中广泛摄取知识信息的途径，影响了兴趣、特长的形成和发展；过重课业负担破坏了儿童学习活动的动态平衡，它使儿童脑力活动所需要的诸多"营养"无法充实，神经系统的正常运动失去依托，从而使儿童智能发展的动

态系统处于失衡状态；过重课业负担干扰了儿童正常的学校生活，教师把质量的提高寄托于课后补习和家庭作业，而补课和批改大量作业挤掉了备课时间。备课不充分，不仅导致课堂教学节奏低、效能低，而且更容易因教学情境受到影响而造成师生关系紧张。所以，只有真正转变教育思想，采取切实措施，把过重课业负担减下来，学生的和谐发展才有可能。二是认清小学培养目标和学生成长规律的关系。小学阶段既是学生品德、智能、体魄发展的关键时期，又是情感、意志、性格发展的关键时期。学生的学习，除直接受教育目标作用外，还有情感意志、性格发展等因素的影响，这些因素往往要转化为他们的学习动机和态度，并直接作用于学习的全过程。只有按照小学生身心发展的客观规律，实施有效的教育，才能促使学生的和谐发展。三要认清学生和谐发展是由多层面形成的，包括德、智、体的和谐，课内外的和谐，教育内容、方式、途径等各方面的彼此和谐，为学生的和谐发展提供前提。

2. 建立新的课程体系是引导学生和谐发展的关键。主要从三个方面入手，构成相辅相成的育人局面。一是合理的学科课程。学科课程是学生和谐发展的主要渠道，有些小学从实际出发对其课程门类和课时进行了必要的增减，使之趋于合理。例如，从一年级开始增加了形体课、英语口语课和自然课，每周增设了两节微机课。在增设这些学科的同时，相应减少了语文、数学的课时，以保证学科课时总量的平衡。新的学科门类的开设，由于适应了学生的各种心理需求，不仅没有增加他们的学习负担，反而激发了他们的学习兴趣。而且语文、数学这两个主要学科课时减少以后，经过人民教育出版社多次组织的检测表明，学习质量并没有受到影响。这从一个侧面反映出，学科课程的安排是基本合理的。二是生动的活动课程。活动课程是学生和谐发展的重要途径，它可以为学生吸收大量信息、展示各种才能、享受学习乐趣创造机会、提供条件。活动课程是学科课程的延伸和补充。下午半天的活动课程主要分为两类，一类是思想教育类，主要是班队活动。学生在教师的指导下，开展很多生动、活泼的班队活动，体现他们的自主意识和创造精神。另一类是兴趣爱好类，主要是社团活动。发展兴趣、陶冶情操、增长知识、锻炼能力是社团活动的宗旨。社团主要涉及音乐、美术、书法、体育、科技等各个方面。三是美好的潜在课程。"随风潜入夜，润物细无声"。作为潜在课程要素的良好校风、校貌和美好的校园环境、和谐的人际关系等，对学生和谐发展均有潜移默化的巨大功能。

3. 抓好课堂教学是引导学生和谐发展的重点。切实抓好课堂教学是减轻学生过重课业负担的根本措施之一。具体必须做到以下几点：第一，课堂气氛宽松民主，课堂上注意保护每个学生的人格和自尊。因为人格和自尊是学生学习生活的力量源泉。所以，每一节课教师都要充分利用学生好强、好胜、不甘落后的特点，激励他们进步。特别是对少数学习有困难的孩子，更要倍加关注。建立宽松、民主的课堂气氛，目前已扩展到学校教育活动的各个领域。师生之间相互尊重、相互信任、相互理解的平等关系正在形成，特别是"无批评日"、"爱生日"等活动的开展，更使学生在全部学习生活中保持了积极、向上、活泼、进取的心理态势。第二，教学过程愉快、高效。小学阶段的学生，没有愉快的学习环境，就没有高效的学习活动。有些学校为了构建一个愉快、高效的学习过程，经过不断探索，创造了"兴趣引路，实践为主"的教学模式。兴趣是学生学习活动的心理动因，任何一个学科的教学过程都要坚持"兴趣引路"，创设愉快的学习环境，儿童愿意亲自动手、动口、动脑的心理优势，为教师的教学过程以"实践为主"提供了有利的条件。如低年级教师先用一连串"米老鼠过河"这样的口算练习，使学生步入新课学习。接着用丰富多变的方法引导学生自己动手、动口、动脑去探索数学规律，最后又用生动活泼的数学游戏组织学生运用知识解决实践问题。40 分钟的课，学生在积极主动的学习过程中练习了上百道题，既掌握了知识，又训练了能力。外语课上学生又是唱歌，又是猜谜，又是认图，又是对话。单词教学、句型教学都是在做游戏过程中完成的。原来学生认为最枯燥的外语，现在已经被他们看作乐事。音乐课教师把情感交流和音乐教育结合起来，并引进了乐器演奏，整个学习过程有声有色，趣味盎然。第三，课后作业限时分层校内完成。机械、重复强求划一的作业，使学生产生厌学、应付等逆反心理。这不仅损害了他们的身心健康，也侵占了他们自主活动的时间和空间，干扰了他们多种心理需求的满足。针对这些弊端，有的学校提出"限时、分层、校内完成"的作业设计原则。"限时"是指语文、数学、外语三科作业都要在作业课限定的 20 分钟内完成。教师依据在同一时间内所完成的作业数量和质量予以评定。"分层"是指将上述三科作业，分出"必做"和"选做"两个层次。"必做"习题全体学生都要完成，这是为了达到教学的基本要求；"选做"习题，学生可根据自己的情况尽力完成，使学有余力的学生再有收获。"限时、分层、校内完成"，既严格控制了作业总量，也使学生的效率意识和竞争意识得到了正确的引导和适时的培养。同时也为学生参加丰富多彩的课外活动，引导他们和谐发展提供了有利条件。第四，成绩考核公正灵活。进行科学的成绩考核，应遵循两条成绩考核原则，一是公正性，二是灵活性。公正性，就是力求成绩考核体现学生学习的整体状况，克服一卷定论的弊端。具体做法可把形成性评价和终结性评价结合起来，把教师和学生的精力分别集中到课堂教学和平时学习上。有的学校规定每学期平时成绩的记载不少于 10 次，包括作业成绩、随堂练习等。同时还规定平时成绩占 60%，而且有的学科的成绩只用优、良、及格、不及格四个等级评定，因为百分制往往缺乏公正。灵活性，是成绩考核方法灵活。适应学生年龄特点。有的学校用各种集知识性、趣味性为一体的竞赛活动取代了期中考试。中、高年级的竞赛活动涉及了语文、数学、外语、天文、地理、历史、自然、时事等多方面的内容和看图、听音响、算答、口述、操作等多种解答形式，使学生变紧张的应考复习为轻松、愉快的读书、读报，学到了许多书本上没有的东西。低年级的竞赛活动，又为孩子们提供了各显其能的机会，既培养了兴趣，又陶冶了情操。

第五节　教师队伍

小学教师是整个教师队伍中的一个组成部分。他们受党和国家的委托，担负着培养、教育小学生的光荣任务。小学教育质量的高低，与小学教师的政治业务水平和工作态度有着极大的关系。因而我国非常重视小学教师队伍的培养和提高问题。

（一）优先发展师范教育

在我国古代的西周时期，教育完全被奴隶主阶级所垄断，学校教育完全为巩固奴隶主阶级专政服务，其教育制度是政教一体，官师合一，因此学校里的教师都由官吏兼任。西周"国学"的教官，由大乐正总其事，下设许多官员分掌各职。"乡学"的教官，由地方各级行政首长兼任，大司徒总其成，并有退职的大夫和士任"乡学"教师。

战国时期，封建制度已基本建立，私学成了当时教育的主体。由于"学在官府"被冲破，掌握一定文化知识的人士流落到下层，成为私学的教师。秦汉时期，秦灭六国而统一天下，为统一政令，防止"以古非今"，实行"禁私学、以吏为师"。在汉代，实行"独尊儒术"后，官学、私学都得到了发展。官学中的太学设有博士，学、校置经师，庠、序置孝经师，担任教学工作。而青少年儿童启蒙阶段的教育主要由私学中的"书馆"等进行，所以教师多由得不到从政或任博士机会的经师大儒来担任。在封建社会兴盛的隋唐时代，学校的教师有博士、助教、直讲等，博士、助教既是学校教师，又为政府官员。宋元明时期，教育制度主要沿用唐的旧制，但官学已流于形式。实施初等教育主要依靠私学，私学教师的水平相差非常悬殊，教师的旨趣也各异，主要是由于屡试不第，为养家糊口而"教授乡里"。

清朝末年，在创办新型学校之初，教师主要是用高价聘请外国人来担任。随着学校日渐增加，各府州县的中小学校不可能都聘外国人为师，这就在客观上要求我国自己创办师范教育来培养教师。1902年张謇在江苏南通创办的通州师范学堂，是我国最早设立的师范学校之一，也是我国第一所私立的中等师范学校。

1903年清政府颁布的"癸卯学制"中规定师范教育自成系统。同时颁布《奏定初级师范学堂章程》，规定初等师范学堂培养小学师资。师范学堂由国家筹办，师范学生在学习期间所需费用，包括膳食和住宿费，均由国家供给，毕业后则必须服务于学校教育工作。1912年9月南京临时政府教育部颁布《师范教育法》，将初级师范学堂改为师范学校。为了推进师范教育，由教育界人士的共同努力，在1922年颁布的"壬戌学制"中，规定高中可设师范科，进而使各地师范生增多，中等师范教育得到了很大发展。1928年后，各地办起培养农村小学教师的乡村师范，于是自1929年起，中等师范学校的数量也急剧地增加。据统计1929年为667所，1931年为867所。至1946年增至902所，为1922年"壬戌学制"颁布时的5.6倍。

建国以来，中等师范教育得到了迅速的发展。据1988年统计，包括普通师范、少数民族师范、幼儿师范、外语师范、特殊教育师范，全国共有中等师范学校1065所，在校生达63万多人，是1949年的4倍。1996年全国有893所中等师范学校，在校生达88万多人。小学教师的培养已由建国初期大量由初级师范培养，上升为由中等师范培养。建国初，1952年初级师范学生占当年师范学校学生总数的73.1%，到1963年初级师范学生比重只占1.1%，至1966年，全国已无初级师范，中等师范教育承担起培养全部小学教师与幼儿园师资的任务。

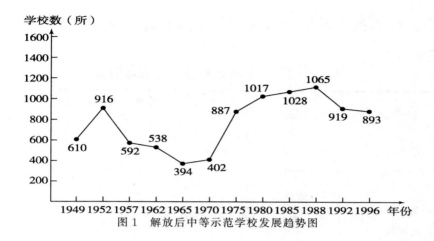

图1 解放后中等示范学校发展趋势图

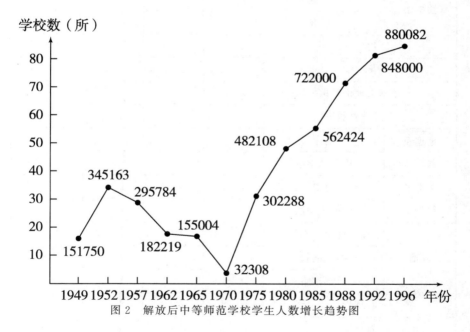

图2 解放后中等师范学校学生人数增长趋势图

新中国成立后，我国一直十分重视对中等师范学校课程设置的研究，并强化了师范化的工作。其间进行了几次较大的改动和调整。这些调整基本上体现了不同时代和科学发展对师范学校课程设置的要求。具体可见以下几份教学计划。

表 11 所列的教学计划是国家教育部在 1952 年 7 月 16 日颁布实行的。

表 11 1952 年中等师范学校教学计划

	科　目	第一学年		第二学年		第三学年		三学年总计
		上	下	上	下	上	下	
语　文及教学法	语　文	8	8	6	6	6	6	696
	语文及教学法					1	1	32
数　学及算数教学法	算数及教学法					2	2	64
	代　数	2	2	2	2			144
	几　何	2	2	2				108
	三　角				2		2	72
	物　理	4	4	2	2			216
	化　学			2	2	3	3	168
	达尔文理论基础	2	2					72
	自然教材教法					2	2	64
地理及教学法	地理	2	2	2	2			144
	地理教学法					1		18
历史及教学法	历史	4	4	3	3	2	2	316
	历史教学法					1		18
政治	社会科学基本常识	2	2	2	2			144
	共同纲领					1	2	46
	时事政策	1	1	1	1	1	1	104
	心理学			2	2			72
	教育学			2	2	3	3	32
	学校卫生			2	2	3	3	168
体育及教学法	体　育	2	2	2	2	1	1	176
	体育教学法					1		18

科目		一		二		三		合计
音乐及教学法	音乐	2	2	2	2	1	1	176
	音乐教学法						1	18
美术及教学法	美术	2	2	2	2	1	1	176
	美术教学法						1	18
参观实习				1	1	2	2	100
每周教学时教		33	33	33	33	31	31	
每学期上课周教		18	18	18	18	18	14	
每学期上课总时数		594	594	594	594	558	434	3368

其中政治理论课占总学时的 8.7%，教育理论课约占总学时的 8%，体育课占总学时的 5.6%，专业课占总学时的 77.7%，教育实习 4 周，约占学生在校周数的 3.9%。

表 12 为 1989 年 6 月国家教委颁发了经过重新修改的三年制中等师范学校教学方案。此方案对所开课程的某些内容进行了调整。

表 12　三年制中等师范学校必修课周课时参考表

周课时 年级 科目	一	二	三
思想政治	2	2	2
语文 小学语文教材教法	6	6	4 2
数学 小学数学教材教法	5	5 3	
物理	3	3	
化学	2	2	
生物（包括少年儿童心理卫生）	2	2	
历史		2	2

地理		2	2
小学心理学教程	3		
小学教育学教程		2	2
体育	2	2	2
音乐	2	2	2
美术	2	2	2
劳动技术	2	2	
每周课时数	31	33	23
每学期上课周数	16	16	14
每学期上课总时数	496	528	322

其中政治理论课占总课时数的 6.8％，教育理论课占总课时效的 8％，体育课占总课时数的 6.8％，专业课占总课时数的 79.4％。

表 13 为国家教委教师司【1995】49 号《关于实行五天工作制后各级各类师范院校教学时间进行调整的意见》中颁布的"调整后的三年制中等师范学校必修课课时参考表"。

表 13　调整后的三年制中等师范学校必修课课时参考表

科　目	各　学　年　课　时			各科课时总数
	一	二	三	
思想政治	2	2	2	210
语　文	5	5	3	455
小学语文教材教法			3	70
数　学	5	5	3	455
小学数学教材教法			3	70

物　理	2	2		140
化　学	2	2/1		115
生　物	2	1/2		115
历　史		2	1	105
地　理		1	2	105
小学心理学教程	2	1/0		85
小学教育学教程		2	2/1	115
教师口语			2	70
电教基础			1	35
体　育	2	2	2	210
音　乐	2	2	1	175
美　术	2	2	1	175
外　语	2	2	2	210
劳动技术	1	1	1	105
计算机应用基础			2	70
总　计	29	30/29	29/28	30/20

从表13可看出，目前中师课程已有较大的变动，加开了教师口语、电教基础、外语和计算机应用基础，其目的是提高小学教师的文化素质，加强教学能力的培养，掌握现代化的教学手段，以适应社会发展对教育的要求。

在我国的中等师范学校中，学制大多数都是三年制，执行国家教委颁布的统一教学计划。少数省、市有四年制中等师范学校，其教学计划的安排有所不同。如吉林省中师从1992年起实行四年制"三、一分段"的教学计划，即前三学年执行国家教委制定的"三年制中等师范学校教学方案",第四学年执行本省制定的教学计划。详见表14。

表14 吉林省中师四年级必修课、选修课课时参考表

周课时数 四年级 科目		课时		总课时
		上学期	下学期	
必修课	中国特色的社会主义理论	2	2	52
	语文阅读训练	3	3	78
	实用文写作训练	2	0	32
	数学方法训练	2	2	52
	小学实用心理学讲座	2	0	32
	教育统计与评价	2	2	52
	科技发明与创造	2	2	52
	电教基础	2	2	52
	自学与研究	4	4	104
选修课（任选一门）	外语	14	14	364
	体育	14	14	364
	音乐	14	14	364
	美术	14	14	364
	计算机应用基础	14	14	364
	小学语文教学概论	14	14	364
	小学数学教学概论	14	14	364
	劳动技术	14	14	364
	教具制作	14	14	364
总计		35	31	974

中等师范教育肩负着培养小学教师的重要任务。它不仅直接关系到初等教育的发展，同时也影响着整个教育事业的发展和科学技术现代化的进程，因此要努力提高中师教育的教育质量。围绕着这个问题，近年来各地各学校都进行了广泛的探索并采取了以下一些措施：

1. 明确为基础教育服务的办学思想，努力办出师范教育的特色。

新师资的培养渠道主要是师范学校。师范教育的水平与办学方向直接关系到师资队伍的质量。因此，师范院校要坚持为基础教育服务的办学思想，培养学生"忠诚人民的教育事业"的观念，坚持师范教育师范化，不能过多强调学术化。要大力提倡培养博学多能的新师资。特别是作为小学教师，知识面要广，要强调先博后专。

2. 争取好的学生来源，保证未来教师的质量。

师范院校招收的学生，应当是优秀的中学生，这是提高师范教育水平、培养合格新师资的关键措施。所以近年来我国在这方面做了许多尝试，并收到了较好的效果。一是定向招生与奖励非定向生相结合。我国为了解决边远地区教育落后而又匮乏师资的问题，师范院校相继采取了定向招生措施。这一措施有利于建立比较稳定的师资队伍，有利于中小学教师地方化。在采取定向招生措施的同时，还广辟生源，奖励那些有志于从事教育工作的非定向生。如 1986 年，我国某县教育部门对被师范录取的本县所有学生，均给予"特别奖"，并派人专程把奖品送到每个师范新生手中。这一举动收到了预期的效果：师范院校的社会地位和师范生的社会声誉在这个县大大提高，1987 年该县报考师范的学生也显著增加。这个事实启发我们，只要各级领导部门和社会各方面都真心诚意地为师范招生办实事、办好事，师范生源的量与质都是可以保证的。二是继续进行保送制度的实验，将优秀的初中毕业生保送到中师学习，毕业后到小学任教。

3. 深入改革，全面提高教学质量。

第一，大力提高师范师资的整体质量。提高中师教育的教学质量，首先就要有高质量的师资。提高师范师资的整体质量具体可通过以下几个途径：一是中等师范学校可以保送一定数量（应届毕业生的2％）的应届毕业生到高等师范院校学习，毕业后回原中师任教。二是优先向师范院校输送新生力量，大学本科毕业生应优先满足中等师范学校的需要。特别是那些热爱师范教育、有良好素质基础和相当潜力的优秀本科生，要优先输送给中师，使中师能在较短的时间内建立起一支教育骨干队伍。三是搞好在职教师培训。对于中师来说，应着重为中、青年教师提供到省属以上重点师范大学进行短期培训、轮训和函授学习等机会；

第二，文、理、艺、体多向渗透，建立综合整体化的课程体系。这种课程结构即在原有各学科课程基本结构的基础上，着重补充横向课程结构和新增导学课程结构。以横向课程结构来说，除文、理科各系都要加强学生在音乐、体育、美术、书法以及教育美学等方面的修养外，理科学生还要学习文化发展史、教育发展史等课程。文科学生也要学习自然辩证法、数学、生物等基础选修课。从导学课程结构来说，文、理各系都可根据条件开设计算机应用技术、教育科研方法和论文写作等选修课，以满足不同程度学生的需要，扩大学生的知识面；

第三，开展探索创新水平的启发式教学。倡导教学民主，实现民主性、独立性和创造性三种教学方式相结合，改变过去只求"教懂、教会、考好"的状态，而代之以"学活、会学、能创新"；

第四，挑选中年优秀教师担任师范新生的"引路人"。初入学的师范生在专业意识、学习方法和日常习惯等方面都可能不适应师范院校的教学，出现学习兴趣降低，甚至感到茫然无措等现象。要使师范新生迅速完成这种心理过渡，就可由业务上过得硬的中年教师向他们进行专业思想教育，培养他们的学习兴趣，教给他们合理的学习方法，由此引导新生逐步学会学习，从而提高教学质量。

4. 合理分配和使用毕业生，以确保师范教育的整体效益。

从我国目前改革大、中专毕业生分配制度的大趋势来看，主要措施包括三个方面。一是加强指导性计划，以扩大学校的自主权，但指导性计划又必须与指令性计划相结合；二是"择优分配"；三是"供需见面"。这些措施本身既有不少优越性，同时也还存在一些不足，还有待继续研究、探索。在毕业生的使用方面，既要保证师范毕业生充实教学第一线，不得"截流"，改任其他工作，又要制止"师专毕业教高中，中师毕业教初中，没有学历教小学"的层层拔高使用现象。

（二）大力加强教师在职培训工作

小学教师在职培训，从其对象以及目的要求等各方面来看，都有别于职前教育。根据我国目前小教师资队伍的结构状况，培训工作大致有如下几方面内容：

1. 学历培训。小学教师的学历培训，既包括任职资格应达到的合格学历培训，也包括提高学历层次的培训。

（1）合格学历培训。根据《中华人民共和国义务教育法》第十三条规定，"有计划地实现小学教师具有中等师范学校毕业生以上的水平"。因此，我国小学教师的任教资格一般都应达到中等师范学校毕业以上学历。取得这种合格学历，目前主要有两种途径：其一是具有初中毕业学历的毕业生，通过国家组织的严格的入学考试，进入中等师范学校学习。学习期满，成绩合格，准予毕业，走上小学教师的工作岗位。其二是实行中小学教师考核合格证书制度。1985 年底，全国中小学师资工作会议，根据我国基础教育需要培训的师资数量大，现有师资数量不足，质量偏低，不具备合格学历的教师还将长时间存在，又不可能在短期内使他们都通过离职系统进修而具有合格学历的实际情况，决定实行中小学教师考核合格证书制度。并且明确指出，这是师资管理制度的重大改革，是一项长期的、具有战略意义的积极措施，不是一个临时性的权宜之计。在相当长的时期内，《专业合格证书》在一定程度上可以起到学历证书的作用。1986 年底，国家教委发布了《中小学教师考核合格证书试行办法》。该《试行办法》规定，考核合格证书暂设

《教材教法考试合格证书》和《专业合格证书》两种。《教材教法考试合格证书》是教师初步学习并掌握了所教学科的教学大纲、教材及基本教学方法的标志;《专业合格证书》标志着教师具有担任某一学科教学所必须具备的文化专业知识和能力,并能基本胜任所教学科的教学工作。《试行办法》具体规定,凡不具备国家规定合格学历的中小学教师,工作满一年以上者,可申请参加《教材教法考试合格证书》的考试;工作满二年以上并已取得《教材教法考试合格证书》者,可申请参加《专业合格证书》的文化专业知识考试。《专业合格证书》的文化专业知识考试,对于小学教师来说,要求其分别系统学习和掌握国家规定的与所教学科密切相关的中等师范学校的文化基础知识。小学教师考三门课程,即教育学和心理学基本原理;语文和数学任选一门;其他学科(自然地理、政治、历史、音乐、美术、体育)任选一门。《专业合格证书》的文化专业知识考试,一般每年进行一次,由省、自治区、直辖市教育行政部门领导和组织,教师可根据自己的情况,自愿申请参加全部或部分科目的考试,考试及格科目累积计算。《试行办法》提出,对教师思想品德和教学能力的考核,由教师所在学校(或学区)的上级教育行政部门组织学校(或学区)进行。考核要求和办法,由省、自治区、直辖市教育行政部门参照《试行办法》的要求制定。教师在文化专业知识考试及格后,可由所在学校或学区提出申请颁发《专业合格证书》。《专业合格证书》的颁发须由学校或学区的上级教育行政部门,委托教师职务评审机构或其他机构进行评审后,经学校或学区的上级教育行政部门核准,并颁发《专业合格证书》。这种做法,在世界教育史上是没有过的,在我国教育史上也是特有的,它是从我国国情出发提出的。经过几年的实践证明,这种做法是正确的,并已收到了显著的效果。据统计,截止到1993年,我国现有小学教师学历达标率(含已获《专业合格证书》的教师)已为93.9%,与国务院关于《中国教育改革和发展纲要》的实施意见中提出的到2000年95%以上的小学教师达到国家规定学历的要求相比,差距明显缩小。因此,近年来我国小学教师培训工作的重点已经开始转移。

表 15　全国小学教师学历达标情况表

<table>
<tr><td colspan="5" align="center">全国小学教师学历达标率（％）情况</td></tr>
<tr><td rowspan="2"></td><td colspan="2" align="center">1994 年</td><td colspan="2" align="center">1995 年</td></tr>
<tr><td align="center">序号</td><td align="center">省份</td><td align="center">达标率</td><td align="center">省份</td><td align="center">达标率</td></tr>
<tr><td align="center">1</td><td align="center">北京</td><td align="center">93.94</td><td align="center">北京</td><td align="center">94.89</td></tr>
<tr><td align="center">2</td><td align="center">辽宁</td><td align="center">93.82</td><td align="center">辽宁</td><td align="center">95.14</td></tr>
<tr><td align="center">3</td><td align="center">天津</td><td align="center">93.35</td><td align="center">天津</td><td align="center">94.91</td></tr>
<tr><td align="center">4</td><td align="center">河北</td><td align="center">92.99</td><td align="center">河北</td><td align="center">95.65</td></tr>
<tr><td align="center">5</td><td align="center">海南</td><td align="center">92.51</td><td align="center">海南</td><td align="center">93.84</td></tr>
<tr><td align="center">6</td><td align="center">山东</td><td align="center">92.06</td><td align="center">山东</td><td align="center">93.81</td></tr>
<tr><td align="center">7</td><td align="center">吉林</td><td align="center">91.30</td><td align="center">吉林</td><td align="center">93.19</td></tr>
<tr><td align="center">8</td><td align="center">新疆</td><td align="center">90.97</td><td align="center">新疆</td><td align="center">92.54</td></tr>
<tr><td align="center">9</td><td align="center">山西</td><td align="center">90.82</td><td align="center">山西</td><td align="center">93.46</td></tr>
<tr><td align="center">10</td><td align="center">宁夏</td><td align="center">90.59</td><td align="center">宁夏</td><td align="center">91.45</td></tr>
<tr><td align="center">11</td><td align="center">黑龙江</td><td align="center">90.52</td><td align="center">黑龙江</td><td align="center">91.46</td></tr>
<tr><td align="center">12</td><td align="center">广东</td><td align="center">90.08</td><td align="center">广东</td><td align="center">93.37</td></tr>
<tr><td align="center">13</td><td align="center">河南</td><td align="center">88.19</td><td align="center">河南</td><td align="center">90.42</td></tr>
<tr><td align="center">14</td><td align="center">江苏</td><td align="center">88.01</td><td align="center">江苏</td><td align="center">89.66</td></tr>
<tr><td align="center">15</td><td align="center">湖南</td><td align="center">87.72</td><td align="center">湖南</td><td align="center">88.82</td></tr>
<tr><td align="center">16</td><td align="center">安徽</td><td align="center">86.63</td><td align="center">安徽</td><td align="center">91.75</td></tr>
<tr><td align="center">17</td><td align="center">广西</td><td align="center">86.22</td><td align="center">广西</td><td align="center">88.45</td></tr>
</table>

18	陕西	85.87	陕西	86.74
19	湖北	84.13	湖北	86.08
20	上海	84.06	上海	86.05
21	福建	83.63	福建	86.62
22	四川	83.54	四川	86.53
23	甘肃	83.23	甘肃	84.67
24	青海	82.24	青海	84.49
25	内蒙古	79.99	内蒙古	82.65
26	江西	79.88	江西	82.84
27	浙江	78.39	浙江	82.84
28	云南	77.62	云南	79.97
29	贵州	71.30	贵州	73.01
30	西藏	46.38	西藏	44.08
总计		86.59		88.85

（由国家教育委员会师范教育司供稿）

（2）提高学历层次培训。近年来，随着形势的变化，我国对小学教师培训工作做了适当的调整。其工作的重点转向继续教育，并在大城市和沿海经济发达地区开始进行小学教师提高学历层次的培训工作。中共中央、国务院在1993年2月13日正式印发了《中国教育改革和发展纲要》。在这份文件中提出了"到本世纪末，小学和初中教师具有专科和本科学历者的比重要逐年提高"的要求。"八·五"以来，据不完全统计，已有15个省市开展了培训专科层次小学教师的实验，并初步形成了专科层次小学教师培训的教学方案、一些主要学科的教学大纲和教材，也积累了许多好的经验。目前各地主要采取两种提高学历层次的形式，一是开办小教大专函授教育班，二是开展小教大专自学考试。

开办小教大专函授教育班，主要采用"文理合一，综合办班"的办学模式，学制为三年。其主要做法大体是：第一，拟定招生方案。小教大专函授教育的招生一般都纳入全国成人高校招生计划，参加全国成人高校统一招生考试，单独划线择优录取。招生对象主要为具有中师毕业学历，年龄一般在 35 岁以下，原则上应是小学一级教师以上职称，有培养前途的在职小学教师。为使部分优秀小学教师有深造机会，有的省从 1991 年开始对小教大专班学员实行了约 10% 的保送生制度。一些在小学教育教学工作中成绩突出的骨干教师或获地、市级以上奖励的先进教育工作者，经县(市)推荐，地、市审核，省成人中师招生办公室批准，可以保送免试录取。第二，制订教学计划。这是一项创新的工作。它既要考虑大专层次的学历要求，又要突出培养小学教师的特点，不同于普通师专的教学计划。因此各地都根据自己地区的实际情况确定具体的课程门数、教学时数。目前还没有全国统一的教学计划。在此仅列湖南省小教大专函授教育教学计划，以供参考。第三，编写试用教材。各地根据教学实际，编写既有一定专业理论要求，又注重联系小学教学状况，具有一定可行性和科学性的教材。第四，加强教学管理。小教大专函授教育一般均由各省教委师范处统一领导，在各省小学师资培训中心设立办公室负责教学业务管理。办学单位一般设在各地、市教育学院或师专和有条件的教师进修学校。所开必修课和选修课都必须进行考试或考查，并评定成绩。考试采用闭卷考试、教学实践、能力评估和撰写论文等形式进行，每学年暑假由省统一命题会考一次，每次抽考一至二门课程。第三学年下期学员综合自己的教学实践，撰写毕业论文，并记入毕业成绩。学员进修期满，完成全部学习任务，思想品德好，考试考核成绩合格者，由省教委审核颁发毕业证书，承认大专学历。

表 16　湖南省小教大专函授教育课程设置及教学时数安排表

课程名称		第一学年	第二学年	第三学年 上	第三学年 下	面授课时	自学课时	总计学时
公共课	1 儿童教育心理学	√				28	52	80
	2 教育学	√				32	68	100
	3 教师职业道德	√				20	40	60
	4 国情教育		√			20	40	60
	5 现代汉语		√			34	66	100
	6 写作学	√				25	50	75
	7 儿童文学	√				22	43	65
	8 逻辑与初等代数		√			50	100	150
	9 算数与数论初步		√			34	66	100
	10 现代数学讲座			√		30	60	90
	11 小学语文教学概论		√			26	49	75
	12 小学数学教学概论	√				25	50	75
	13 教育实验				√	25	50	75
	14 劳动技术教育		√			40	60	100
	15 电化教育		√			14	26	40
	16 中国文学（上中下）	√	√	√		100	200	300
	17 中外教育家教育思想				√	25	45	70
公共课时数		555	675	310	75	551	1 064	1 615
文科必修课	18 文学基本理论				√	25	50	75
	19 外国文学				√	50	100	150
文学必修课时数				225	75	15	225
理科必修课	20 高等数学				√	70	120	190
	21 概率与数理统计				√	35	65	100
理科必修课时数				290	105	185	290
总计应学课时数		555	675	310	文 300 理 365	620 656	1 214 1 249	1 840 1 905

开展小学教师专科程度自学考试，其目标是要培养出一批政治素质好、思想品德优秀，有较为广博的、总体上达到大专程度的文化专业知识水平、有较高的教育教学能力和一定科研水平的小学教育骨干力量。培养对象主要是吸收那些有培养前途的中青年小学教师参加学习。要求学员年龄在35岁以下、政治素质好、品德优良、能够胜任教育教学工作。为此，培养对象均经所在单位择优推荐，并经全省统一考试，择优录取。对一部分优秀教师实行免试入学。课程设置和教学内容主要从小学教育改革和发展的需要出发，既重视基础知识、基本理论和基本技能的传授，又吸收了新知识、新理论、新成果，适当扩展学生的知识面。"全国小学教师进修高等师范专科小学教育专业教材建设"课题组在国家教委师范司直接领导下，经过多次研讨，征求多方意见，于1994年5月在上海通过了专家对"小教大专"的教学方案鉴定。1996年11月在武汉会议上提出了《小学教师进修高等师范专科小学教育专业教学计划》（送审稿）。有关课程设置情况可见表17。

在《教学计划》中提出了具体实施要求：第一，在教学计划中所列的必修课程和课时安排，体现了达到高等师范专科学历的基本规格和要求，各地均应严格实施。基础外语，各地可根据实际情况，开设英语、俄语，或其他语种。在教学计划中所列的选修课的时数占总教学时数的14％左右，其门数和科目由各地自行安排。第二，教学计划中各课程的培训时数均以二年制脱产进修为基数。其中，非技能性课程，二年制脱产进修与三年制业余进修的时数比例一般为3：2，与四年制函授的面授时数比例一般为2：1；技能性较强、学习难度较大的课程，其培训时数的比例略高。四年制函授中的面授与自学的时数比例一般为1：2。第三。根据小学在职教师进修的需要，宜实行学分制，教学计划中所列的学分是以二年制脱产进修的学时为基数计算出来的，其学时与学分比例是18：1。第四，本教学计划中设置的"小学语文教育

表 17　小教专科课程设置教学时间分配表(文科方向)

课程类型	序号	课程名称	教学时数（二年制脱产进修）					考核方式学期	占总学时%	教学时数				学分
			总计	第一学期	第二学期	第三学期	第四学期			三年制业余	四年制函授			
											总计	面授	自学	
政治理论课	1	中国特色社会主义概论	36	36				查	2.2	36	60	20	40	2
教育理论与技能课	2	小学儿童教育心理学	72		72			试2		54	108	36	72	4
	3	小学语文（社会）教学学	72				72	试4	15.2	54	108	36	72	4
	4	初等教育改革与发展	54			54		查		36	60	20	40	3
	5	电化教育基础	54				54	查		54	90	30	60	3
综合基础课	6	计算机基础	108		108			试2		72	216	72	144	6
	7	自然科学基础	108	36	36	36		试3	21.7	72	162	54	108	6
	8	基础外语	144	36	36	36	36	试2 4		108	324	108	216	8
文科专业基础课	9	中国古代文学	198			108	90	试3 4		144	288	96	192	11
	10	中国现当代文学	108	108				试1		72	216	72	144	6
	11	文艺理论基础	72			72		试3		54	108	36	72	4
	12	写作	72	36	36			试2		54	108	36	72	4
	13	现代汉语	72	72				试1		54	144	48	96	4
	14	中国通史	108		108			试2		72	162	54	108	6
	15	儿童文学	72			72		查		35	108	36	72	4
	16	外国文学	72				72	查		35	108	36	72	4
选修课（地方课程）			238						14.3	216	510	170	340	13
总学时数			1 660							1 224	2 880	960	1 920	92

学"及"小学社会教育学"由学员任选一门。第五，本教学计划未单设实践课，但在教学过程中，应将教育实践活动列入教学计划，但不计入总教学时数。一般安排 2 至 3 周的时间，可集中安排，也可根据各课程内容要求，分散安排。第六，本教学计划中未单设体育课，脱产进修应将体育课列入教学计划，但不计入总教学时数。第七，本教学计划

是各省、直辖市、自治区制订当地小学教师进修高等师范专科小学教育专业相应专业方向的实施计划的依据。

对于办学单位要求其具有合格的资格，即由具有高师专科层次的学校来助学。一般来说小学教师专科自考均由各市（地、州）教育学院助学，由各县（市、区）教师进修学校予以协助。考试由省教委和省自学考试办公室领导和管理，具体在各市、县招生办的组织下实行闭卷考试。专科课程考试合格者，由省自考办公室审核颁发毕业证书，承认大专学历。

2．继续教育。小学教师的继续教育，是加强小学教师队伍建设和培训工作的一项重点工作。通过教育教学实践与培训，使每个取得教师资格的在职教师的政治业务素质不断得到提高，培养出一批教育教学骨干、小学教育教学专家。目前我国小学教师继续工作的重点，一是教师岗位职务培训，二是骨干教师的培训。

（1）教师岗位职务培训。其培训内容主要包括政治思想和师德修养教育、教育理论学习、教师基本功训练、教育教学能力培养等方面。

首先，对小学教师进行以政治上的坚定性、事业上的执著性、工作上的献身性、师德上的表率性为核心内容的政治思想和师德教育。基本作法可归纳四点：一是系统灌输与学科渗透相结合。在岗位职务培训中把《师德修养》作为必修课对学员进行系统的理论灌输，其他各科教学都围绕政治思想培训目标与学科知识教育、能力培养有机联系起来，渗透思想内容；二是理论与实践相结合。社会是培训学生的大课堂，培训人员可组织学员深入先进学校参观、见习，听先进人物现身说法，体会政治素质与工作效益的关系。组织学员进行社会调查，理解改革开放的成就等；三是主阵地教育与多渠道教育相结合。学员的政治思想、师德修养绝不能单靠教师进修学校培训部门孤军奋战。要充分发挥乡镇辅导站、进修学校及其他部门教育职能，做到计划、措施、职责、任务、制度配套，并保证工作到位，变单一渠道为多渠道的主体教育；四是管理制约与环境影响相结合。小学教师的政治思想、师德修养培训既要建立以教师日常行为为主要考核内容的考核制约机制，又要在整个培训过程中创造一个环境与培训、培训与实践之间和谐统一的环境，使学员能够受到比较理想的气氛的感染。

其次，不断加强小学教师的基本功训练。小学教师的基本功，主要是指在教育教学中小学教师应该掌握的技能与技巧，如写字、说话、使用教具、绘画、唱歌、做游戏等。根据教师队伍的实际情况，全国各地小学教师基本功训练的内容都各有不同。如吉林省一些市、县在充分调查研究的基础上，分析了目前小学教师的现状，明确了基本功训练的基本内容。这些内容包括：三笔字（钢笔字、粉笔字、毛笔字），普通话，板书设计及教学简笔画，教案编写，即兴演讲，教具与学具制作，现代化教学手段运用等。江西省教委根据本省小学教师队伍的现状和小学教育改革、发展的需要，组织专人经过多次研讨和广泛征求意见，制订了《江西省小学教师教学基本功要求》。基本功要求包括知识、技能和组织教学等方面的 10 个项目。10 项具体为语言、阅读、书写、表达、计算、艺体、科技、备课、上课、检查等。黑龙江省小学教师培训中心在《1993 年黑龙江省小学教师基本功训练规划》中，明确指出五项基本功训练的内容，把广大小学教师最经常、最普遍、最基本、最需要、最简单的普通话、教学口才、3500 个常用字、三笔字和简笔画作为全省小学教师基本功训练的重点项目。在具体训练途径上，各地也总结了一些经验，概括起来可分以下几点。第一点，在训练中，以学校为主要基地，课堂作为重要场所，遵循教师成长规律，结合教育教学实践，进行系统的训练。不断地学习、实践，边练边教，教中再练。第二点，教师之间相互取长补短，搞好传帮带。在训练过程中，基本功比较过硬的教师帮助新教师，以老带新，以高带低，大家互相切磋。如可安排新老教师同教一套教材，这样可以在共同备课中使青年教师学习老教师的教学语言，板书设计及教具使用等。第三点，组织观摩评比，树立典型。在具体训练中，有关培训部门可组织优秀课观摩。组织教师参加校际间、地区间、及外省、市举办的观摩活动，使青年教师对优秀教师基本功训练的成功经验有更具体的感性认识。在此基础上，根据不同层次的要求和需要，评选出全面或单项基本功训练的典型。通过树立这些典型，既可以使他们的基本功训练进一步加强，又可以带动全年级、全校以及全地区的基本功训练活动的深入开展。第四点，及时搞好检查验收，巩固成果，有关培训部门制定出及时考核验收的有效措施，把每次考核结果记入教师业务档案，并在《继续教育证书》上登记。通过上述做法可使教师们认识到，基本功训练不是一项临时的、突击性的工作，需要持之以恒。

再次，提高小学教师的教育教学能力。如何搞好这项工作，全国各地的有关部门都进行了不同程度的研究和探索。归纳起来其研究结果可分为三个方面：第一，编选理论与实际紧密联系的教材，突出能力培养的特点。在编选形式上有三种，即文字教材、音像教材和场所教材。文字教材由教材编写小组编写出符合实际需要的教学讲义，供学员学习，起到理论指导的作用。音像教材包括录音、录像、投影、幻灯等几种电化教材，拍摄优秀教师的课堂教学纪实，对学员起到典型示范作用。场所教材是为学员加强基本功训练提供实践的教学现场，主要起强化训练作用。这三种类型突出了以提高教育教学能力为主要目标的继续教育的特点，为打破单一封闭式课堂教学模式奠定了基础；在编选内容上，注重贯彻理论与实际相结合的原则，立足岗位需要、兼顾长远的原则，科学性、实用性与超前性相结合的原则，尽量避免与中师教材内容简单重复的原则，考虑小学教师教学的需要，建立专题系列。如语文有读写结合、年级阶段训练重点、作文教学、朗读教学、板书设计、阅读教学中的随文识字、教授学法培养能力等专题；数学包括小学数学计算能力的培养、应用题教学、加强思维训练、三算结合等专题；综合性的有小学学科全方位的目标教学、快乐情境教学、教学艺术等专题；教学基本功有说、写、画三个专题；电教有电教基础专题；教育科研有教育科研基础理论、课堂教学结构、环境教育、"三论"在教学中的应用等专题；另外还有关于体音美方面的专题，包括基础理论和基本技能。第二，探索培训模式，实现能力培养目标。目前培训模式主要有以下几种：一是开放式培训，即改革封闭式的课堂教学模式，实行以实践为主的灵活多样、追求实效的教学形式。二是个别化培训，即根据学员的基础、专长和需要，区别对待，个别指导进行培训。三是微格化培训，即把教学技能和小学教学的重点课题分成一系列半独立的单元，每一个单元讨论一个独特的概念或活动，进行微型教学，强化训练。四是案例教学，指导学员通过对正反典型教学实例的分析，领悟有关基础理论，学习有关方法，提高教育教学能力。第三，打破传统的考试模式，以考核能力为重点，引导学生注重能力的提高。一般采用开卷考试方式，考核学员的学习成果；考核学员理论学习成果，主要看其能否用理论阐述和指导教学实践；考核其教学研究水平，主要看其运用教学研究成果的程度。

(2)骨干教师的培训。国家教委 1991 年印发的《关于开展小学教师继续教育的意见》【教师(1991)8 号】中明确指出：

"当前，要把骨干教师培训放在重要位置""各地在面向全体教师，搞好职务培训的同时，应着重加强对骨干教师的培训。"1993 年 4 月全国小学教师进修研究中心小组第六次会议，对第五次会议上初步拟定的"小学骨干教师基本要求"进行了修改，提出了骨干教师的基本要求，具体如下：

第一，有良好的师德修养，能模范地遵守《中小学教师职业道德规范》。具有强烈的事业心、高度的责任感和开拓进取、积极创新的精神。

第二，具有较高的文化素养和较强的自学能力。掌握扎实的学科基础知识、基础理论和基本技能。努力学习与小学教育教学相关的新知识、新理论、新技能。能对一般教师起指导、答疑作用。

第三，教育思想正确。能按教育规律和小学生的思想实际、年龄特点，组织教育教学活动。能全面正确理解本学科教学大纲，熟练掌握教材，正确贯彻教学原则，灵活运用教学方法，教学基本功扎实，教育教学效果好，能对一般教师起示范作用。

第四，有较强的教育教学科研和教学改革意识，能独立承担公开课、研究课、实验课等教学任务，并能承担一般的教育教学研究课题，在教育教学改革中起带头作用。

按照国家教委有关文件的要求，全国各省、市的师训部门都积极开展骨干教师培训，在招生对象选拔条件和程序、课程设置、实践能力的培养、结业资格的审定等方面都严格把关，认真落实，以确保培训质量。如吉林省根据国家教委提出的骨干教师的基本要求，明确制定出县(市、区)骨干教师的标准：

一、思想素质：(1)理解党的基本路线，并认真贯彻执行；(2)热爱学生，忠诚人民的教育事业；
(3)具有良好的行为规范和职业道德；(4)正确的教育思想和人才观、质量观。

二、知识素质：(1)掌握马克思主义基本原理；(2)扎实的专业知识；(3)较高的教育理论；(4)较广博的自然和社会常识；(5)基本掌握教育科研的理论和方法。

三、身体素质及非智力心理品质：(1)精力充沛、适应工作需要的健康体魄；(2)心胸开阔、积极进取的精神；(3)自我调节、务本求实的作用；(4)谦虚好学、良好的人际关系；(5)审美修养、发展自我的意识。

四、能力素质：(1)全面的获取信息能力；(2)较高的组织教学能力；(3)良好的语言表达能力；(4)突出的教育转化能力；(5)一定的教研科研能力；(6)一般的演示操作能力；(7)较好的社会适应能力；

(8)较强的工作创造能力。作为骨干教师培训的对象应是具备以上要求的条件，学历合格，教龄 3 年以上，35 岁左右的中青年教师。骨干教师培训对象选择的方法一般为：基层学校推荐，师资培训部门考核，教育行政部门审定。

　　围绕如何提高小学骨干教师培训的质量问题，全国各地的有关部门和学校都进行许多有益的探索工作，并取得了一定的成效。首先，科学选编培训内容。以小学教育教学和学员的实际需要为原则，坚持按需施教，注重针对性、实用性和实践性。同时着眼于本世纪基础教育改革、发展及高科技进步对小学教师的要求，使学员适当掌握一些新的教育思想、科学知识，注重加强培训内容的先进性和超前性。基于这种认识，有的省、市尝试构建综合型培训内容体系。其中，第一部分是以提高学员的精神修养为目标，设置了师德修养课（开设教师道德修养的理论与实践课）、艺术与美学修养课（开设艺术欣赏课与美学常识课）、教师行为修养课（开设教师的仪表与教态课）等三类教师修养课。第二部分是以提高学员的文化修养为目标，综合设置了基础理论课程。语文教师开设的基础理论课有《中外典型作品赏析》、《古代汉语》和《逻辑知识》等；数学教师开设的基础理论课有《数学思想论》、《计算的技能与技巧》、《逻辑知识与小学数学教学》、《中小学数学教学衔接》和《微积分初步》等。第三部分是以提高学员的理论素养及科研能力为目标，综合开设了教育理论和教育科研理论课程。教育理论课包括现代教育理论、学科教育心理学、学科（语文、数学）教学研究等；教育科研理论课程包括教育科研方法、教育统计原理、教育论文写作等。第四部分以提高学员的教育现代化能力为目标，综合开设了现代教学技术课程。具体包括《电化教学技术研究》、《微机应用》、《现代科学技术》等几门课程。其次，采取灵活多样的培训形式。在具体培训时，采取以下形式：①理论学习与实践活动相结合。学员学完一种理论后，有意识地在教学实践中加以运用。这种形式有助于引导学生动脑动手，有利于克服理论与实践相脱节的倾向。②教师辅导与学员自学相结合。教师是学员课堂教学实践活动的策划者、组织者，而教师的辅导要以学员的自学为前提。这种形式有利于促进学生加强自学，积极参与教学过程。③自学钻研与交流研讨相结合。有时针对一个专题让学员各抒己见，相互切磋，有时围绕一节公开课，让执教者与观摩者共同研讨，交流经验。这种形式可最大限度地激发学员学习的兴趣，调动其研讨的积极性。④培养特色与鼓励科研相结合。在培训过程中。一方面引导学员根据自身的素质和专长，通过参与教改实践，逐步形成自己的教学特色与风格。另一方面鼓励学员在教改实践过程中，培养独立思考、敢于创新的能力和精神，积极开展科研活动，以达到更高的标准。另外还有大班与小班相结合、统一要求与个别指导相结合、请进来与走出去相结合等其他培训形式。再次，制订并执行严格的考核制度，注重实效。目前各地都在努力改革传统的闭卷考试的单一考核模式，实行全方位的考核。在考核的内容上，既有理论知识、师德表现的考核，又有业务能力的考核，另外还包括出勤、作业等。理论考试采取开卷方式，通过设计教学方案、阐述教学原理、撰写论文、作专题讲座等方式来检测学员掌握理论的程度和指导教学实践能力；通过听课、评课，召开座谈会，进行问卷调查等手段检测及评价学员教育教学能力。在考核的形式上，既有对全体学员进行集中考核，又有对单个学员进行分散考核。在时间上，既有集中面授时进行的考核，又有学员在岗实践时的考核。在职责上，既有由培训中心组织的考核，也有学员所在单位的考核等。这样的考核，将理论与实践、培训与教研紧密结合，较大程度地提高了学员的教育教学能力和科研水平。

（三）逐步提高小学教师的社会地位和待遇

党的十一届三中全会以来，在邓小平同志优先发展教育，尊重知识、尊重人才的战略方针指引下，党和国家采取了一系列提高教师地位和待遇的改革和措施，以适应培养社会主义现代化建设合格人才和实现"三步走"宏伟战略目标的需要。根据邓小平同志关于"要提高人民教师的政治地位和社会地位"，"整个社会都应该尊重教师"，"对于优秀的教育工作者，应该大张旗鼓地予以表扬和奖励"的号召，1985 年 9 月 10 日，我国决定建立教师节。全国各地在《中共中央关于教育体制改革的决定》精神鼓舞下，开展了各种丰富多彩的尊师重教活动。1986 年教师节，由李鹏同志提议，经党中央、国务院批准，中国中小学幼儿教师奖励基金会正式成立。十年来，我国教师奖励基金会已逐步形成了中央、省、地、县四级奖励教师的网络，县以上教师奖励（教育）基金会达千家以上。据不完全统计，截至 1995 年底，全国各级教师奖励（教育）基金会拥有基金已达 26 亿元人民币。在国家教委、人事部等有关部门的关心和支持下，每隔两年举行一次评选奖励全国优秀教师和教育工作者的活动。十年间各级教师奖励基金会会同教育、人事部门共奖励优秀教师 130 多万人次，受奖人数占全国教师总人数的 12% 左右。1993 年 10 月 31 日经八届人大常委会第四次会议审议，通过了《中华人民共和国教师法》，并于 1994 年 1 月 1 日起施行。自《教师法》颁布实施以来，全国已有北京、天津、河北、黑龙江、山东、福建、河南、湖南、四川、云南、甘肃、陕西等十多个省、区、市颁布了本地的《教师法》实施办法，出台了许多提高教师地位和待遇、加强教师队伍建设的切实可行的地方性法规政策；在 1993 年实施工资改革方案后，教师工资水平总体上有了较大幅度的提高。各地教师平均工资水平达到或超过国家公务员的平均工资水平。北京、天津、黑龙江、福建明确规定，教师的平均工资水平应高于国家公务员平均工资水平，并逐步提高。四川规定，企业单位所办学校教师工资水平应不低于本单位相应级别的专业技术人员的平均水平。为了解决部分地区存在的教师工资拖欠问题，各地正努力建立教师工资发放的保障机制，保证教师工资按月足额发放。云南规定，任何部门、单位或者个人不得以任何理由克扣、挪用和拖欠教师的工资及按有关规定享受的津贴、补贴。民办教师工资的国家补助部分，不低于公办教师平均工资的50％，并逐步做到与公办教师同工同酬。陕西规定，拖欠教师工资及政策性补贴的，由上级机关负责令其限期发放。对挪用、克扣教师工资及政策性补贴的单位和个人，除责令其限期归还挪用、克扣的资金外，并对直接责任人员给予行政处分。情节严重构成犯罪的，由司法机关追究刑事责任。根据《教师法》授权性条款的规定，全国有近20个省（区、市）提高了当地教师的退休金待遇，规定教龄满30年（女满25年）的中小学教师，享受100％的退休金待遇。四川、河南规定，在农村乡（镇）及其以下中小学校从事教育教学工作，男满30年、女满25年的教师退休后享受退休时的全额工资待遇。从1994年起，中小学、中专教师被列入享受政府特殊津贴的评选范围，在社会上产生了积极反响，对于提高中小学教师的社会地位，推动基础教育事业的发展，起到了重要作用。关于山区教师的补贴，北京规定，凡在本市山区工作的中小学教师，工资在原有等级工资基础上向上浮动一个档次，每满5年予以固定，并向上再浮动一个档次。山东、河北、河南等地也规定对到山区乡（镇）、村学校任教的教师实行上浮一档工资，任教满8年予以固定，再向上浮动一档工资。近几年国家每年安排15万左右专项劳动指标，用于从合格民办教师中转招公办教师。国家有关部门正在研究统筹解决民办教师问题五年计划，到2000年，合格民办教师将全部转为公办教师，全社会关心的民办教师问题将于本世纪末基本解决。自1994年以来，北京、福建、云南、山东、黑龙江、河南、陕西等地先后对中小学特级教师享受特殊医疗保健待遇作了规定。云南规定，特级教师和获得国家、省有突出贡献的专家等称号的教师，发给特约医疗证，并享受有关待遇。山东规定，中小学特级教师享受当地正高级专业技术人员的医疗待遇。黑龙江规定，医疗机构应当对当地教师就诊、住院、转院提供方便，对具有高级专业技术职务的教师给予照顾。1994 年和 1995 年，全国教职工住房建设分别投入资金 89 亿元和 119 亿元，是建国以来投入教职工住房建设资金最多的两年，教师住房紧张的状况有了明显改善。北京、云南、山东、四川、黑龙江规定，城镇教师家庭人均住房面积应高于当地居民的平均水平。各地在《教师法》实施办法中还在住房的出售、租赁等方面为教师制定了一些优惠政策。福建规定，多渠道优先优惠教师住房，使城镇教师的家庭人均居住面积及成套率略高于全省城镇居民的人均水平。各地开发的安居工程和解困房应划出 10％至 30％按成本价优先出售给教育部门，教育部门再按当地房改政策出售给教师和离退休教职工中的住房困难户。河南规定，向城镇教职工出租、出售住房，可以按照当地规定的价格标准给予优惠。对住房困难的中小学特级教师，当地人民政府应当拨出专款帮助解决。

1995 年 3 月 18 日第八届全国人民代表大会第三次会议审议通过了《中华人民共和国教育法》，并于 1995 年 9 月 1 日开始实施。国家教委有关人士认为，一年多来《教育法》的实施给教育领域带来了可喜变化，充分说明依法治教是教育发展的根本保证。

（四）教师的任用

我国小学教师的任用制度正处于不断改革与完善的过程之中，小学教师的职务已经实现了规范化。即分为小学高级教师；小学一级教师；小学二级教师和小学三级教师四个等级。其中，小学高级教师为高级职务，一级教师为中级职务，二级和三级教师为初级职务。无论担任何职，都要满足《小学教师职务试行条例》中第三章第八条："小学教师应拥护中国共产党的领导，热爱社会主义祖国，努力学习马克思主义和党的路线、方针、政策，有良好的师德，遵守法纪，品德言行堪为学生的表率。关心爱护学生，教书育人，使学生在德、智、体等方面得到全面发展。努力做好本职工作，并在做好本职工作的前提下结合工作需要，努力进修提高教育和学术水平。"国家教委于1986年颁发执行的《小学教师职务试行条例》中，对于小学高级、一级和二、三级教师任职条件作出了明确的规定，如《条例》第三章第十二条指出：小学高级教师任职条件是，符合本条例第八条要求的小学一级教师任教五年以上，或者高等师范学校及其他高等学校本科毕业生见习一年期满，经考核，表明能履行高级教师职责并具备下列条件：1. 对所教学科具有比较扎实的文化专业知识，教学经验比较丰富，并能结合教学开展课外活动，教学效果显著。2. 掌握小学教育的比较扎实的理论，善于根据小学生的年龄特征和思想实际，对学生进行思想品德教育，教育效果显著。3. 具有指导教学研究的能力，并承担一定的教学研究任务，或指导小学一、二、三级教师的教育教学工作，并在培养提高教师文化业务水平和教育教学能力方面做出成绩。《条例》第三章第十一条指出：小学一级教师任职条件为，符合本条例第八条要求的小学二级教师任教三年以上，或者高等师范学校及其他高等学校专科毕业生见习一年期满，经考核，表明能履行一级教师职责并具备下列条件：1. 能够独立掌握所教学科的教学大纲、教材、教学原则和教学方法，正确传授知识和技能，教学效果好。2. 具有正确教育小学生的能力和班主任、少先队辅导员工作经验，教育效果好。《条例》第三章第十条明确指出：小学二级教师任职条件是，符合本条例第八条要求的中等师范学校毕业生，见习一年期满，或者小学三级教师任教三年以上，经考核，表明能履行二级教师职责并具备下列条件：1. 基本掌握教育学、心理学和教学法的基础知识。2. 具有从事小学教学工作所必须具备的文化专业知识，胜任小学教学工作。《条例》第三章第九条明确规定：小学三级教师的任职条件是，符合本条例第八条要求的任教一年以上的小学教师，经考核，表明能掌握所教学科的教材、教法，完成所承担的教育教学工作，并能履行三级教师职责。

　　小学教师职务一般实行聘任制和任命制两种。实行聘任制的学校，一般由校长或县以上教育行政部门领导，向被聘任的教师发聘书，双方签订聘约。实行任命制的学校，则由校长或县以上教育行政部门领导向被任命的教师发任命书。凡是目前尚不具备国家规定学历的小学教师，一般应通过考核，取得专业合格证书或取得教材教法考试合格证书，并具备相应的教师职务任职条件，才能聘任或任命其担任相应的教师职务。其中，取得教材教法合格证书的教师，只能聘任或任命担任三级教师职务，聘任或任命其担任二级教师以上职务者，还必须取得专业合格证书。1986 年 9 月 1 日以后到小学任教而不具备合格学历的教师，必须取得相应的合格学历证书，才能根据其具备的任职条件聘任或任命其担任一级或高级教师职务。聘任或任命教师担任职务有一定的任期，每一任期一般为三至五年，可以续聘或连任。近年来，全国许多市、县的小学纷纷实行了小学教师职务聘任制。其主要特点包括：第一，全员聘任。相对于人员来说，对学校全体教职工一律实行聘任制。相当于岗位来说，对各部门各系列各职级一律实行聘任制。第二，一级聘任。由校长直接对教师实行聘任，不设中间环节，直接安排教师的具体工作。第三，评聘结合。参加职务评定取得任职资格的大多数聘任其担任相应的教师职务，使师资使用具有相对的稳定性、连续性和长效性。第四，双向选择。校长有权聘任或不聘，教职工有权受聘或拒聘，双方自立。实践证明，实行了职务聘任制，打破了"铁饭碗"，冲动了"铁工资"，搞活了校内运行机制，有利于优化组合师资队伍，有利于调动教职工的积极性，有利于提高学校管理的效能，从而有利于学校教育教学质量的提高。

第六节　学校管理

　　奴隶制学校的产生及夏、商的教育管理，是我国古代官学和教育管理制度的萌芽时期。在夏、商、西周奴隶社会里，官学是惟一的学校类型，其主要特点是实行"学在官府"的管理体制，即当时的学校全部为奴隶主国家所垄断，政府官吏就是教师，国家所藏典册就是教材，奴隶主贵族子弟才有受教育的资格，私人不得也不能从事教育活动。西周是我国奴隶社会高度发达的时期，由于政治、经济的发展，教育也有了很大的发展，形成了一套比较完备的学校系统和管理制度。如在学校设置上，主要包括"国学"、"乡学"两级；"国学"又有"小学"、"大学"之设；"乡学"则根据行政区划，设有庠、序、校、塾等学。在教师任用上，执掌有关教育内容的官员就是教师。在教学管理上已初步形成制度。开学行释菜之礼，典礼十分隆重。上课有定时，课后有作业。一年的课程有大致安排，所谓春夏学干戈（舞）于乐序，冬学羽龠（乐）于成均，并兼而读书于上庠、学礼于瞽宗，特点是轮流于"四学"受教。在教学质量管理上，则有严格的视学、考试与奖惩制度，成为学校管理的一项重要内容。春秋战国时期，"学在官府"的学术垄断已完全衰废，出现了私学发达的繁盛局面。私学在管理方面的特点可以概括为四点：第一，私学有相当的自主权，其兴办取决于创办者个人意愿，教学目的和教学内容可由教师自行决定。第二，有教无类和自由受教，私学招生不注重学生的身份，平民也可在教育对象之中。同时，学生入学和退学均不受限制。第三，生承师志，私学中学生服从教师不是建立在自觉自愿的基础之上的，学成名就最终还是要固定于某一学派及师承体系的。第四，经费自筹，通常都是以创办者的投资、官方或民间富豪的资助和学费收入为其来源。

在中国封建社会教育发展史上，宋代之前经办初等教育的小学，既不普遍也为时不长，因此初等蒙学的基础教育，基本上为私学所包揽，私学的蒙学化倾向在两宋显得尤为突出。蒙学办学的种类名称也各有不同，如小学、乡校、冬学、私塾、家塾、蒙馆等，数量极大的基础教育，多由私塾承担。从宋代以至明清时期，蒙学的发展已达到完善而正规化制度化的程度。在教学管理上，由于蒙学属于基础教育阶段，在文化知识的教学方面，以识字、写字、读书、背书为主。每天的教学内容，都有一个程序安排，一般是背书、授新书、写字、读诗等。对每个教学环节，都规定了明确具体的要求。在德育管理上，蒙师都能做到有章可循、有规可依。蒙学德育的管理条规，以朱熹的《小学》最有代表性，它明确规定道德教育以"明伦"为中心，以"父子之亲"、"君臣之义"、"夫妇之别"、"长幼之序"、"朋友之交"为目的，这些都是中国古代传统的德育内容，蒙学也必须以此为教，使儿童从小就懂得这些做人的最基本的人伦关系、道德规范，树立坚定的道德信念，形成良好的心理品质。从清末开始对私塾进行改良，但直到新中国成立，私塾在我国农村仍然大量存在。如贫穷落后的皖南地区，"刚解放时，全区有私塾 3768 所，相当正规小学总数的二倍以上，塾生45727 人，相当小学生人数的 1/3，塾师 3768 人，相当于小学教师总数的 3/5。"

清朝末年是我国近代普通学校管理的初创时期。鸦片战争前后，帝国主义列强把在中国开办教会学校，作为进行文化侵略的一种重要手段。这些教会学校，不同于当时中国的官学和私学，它们传授了西方的近代科学，实施了"班级授课制"，传入了近代学校的一些规章制度和管理方法，对于中国普通学校管理的创建，具有一定的参考价值。辛亥革命后，取消封建贵族教育的措施，促进了基础教育的群众性与民主性。1912 年 5 月，中华民国教育部提出撤消京师督学处和八旗学务处。为了体现学校管理的民主性，教育部规定将学堂称为学校，将监督改称为校长，各处主任原称提调，改称主任。民国建立后，对普通学校内部行政管理体制的改革，主要反映在如下几个方面：1. 领导体制。对普通公立学校实行校长负责制，校长管理校务，拥有人事任免权。对于校长的任职资格，小学校的校长要求必须是小学"本科正教员"或"正教员兼任之"。至于校长的待遇，1917年颁发的《小学教员俸给规程》中指出，小学校长与小学正教员的工资等级完全一致，分为十四级，最高级为一级。只有当"受一级后确有劳绩者得递增至80元"，比正教员递增者高出20元，校长才与普通教员有所区别。2. 学校行政机构设置。民国初年，对于普通学校的行政机构设置，一般均由校长全面负责。在校长之下设立教务主任、训育主任及总务主任、会计、图书管理员、档案管理员等。3. 人事管理。其主要内容是教师管理。民国建立后拟定了有关教师职称、资格等方面的法规，例如初等小学校规定："凡教授小学校之教科者，为本科正教员；其专教授手工、图画、唱歌、体操、农业、缝纫、英语、商业之一科目或数科目者，为专科正教员；辅助本科正教员者为副教员。"所谓"本科正教员"即指能够担任一个年级各门学科教学任务的小学教师。对于普通学校教师的薪给待遇，在1922年新学制颁发之前大多采用时薪制，一般每小时五角至二元不等。1922年以后，有的学校开始实行月薪制。1927年至1937年，结束了军阀混战的局面。正规的普通学校管理制度，在国民政府管辖区内进一步发展完善，趋于规范化。对于学校的行政设置开始有详细的规定，教育经费管理逐渐形成了分级拨款与多途径集资的格局。关于普通学校校长的资格、任用，已有明确规定，如《小学规程》对于小学校长的资格也有相应的规定，认为必须具备小学教师的资格，"服务二年以上具有成绩者，可为小学校长"。1932年教育部通令各省市教育厅局取消"时薪制"，一律改为"月薪制"。抗日战争爆发后，1939年9月国民政府开始推行"政教合一"、"管教养卫合一"的"新县制"，随后对教育也进行了较大的改革。其中小学教育改革的主要内容有：学制采用多轨制；实行"政教合一"、"儿童教育与失学民众补习教育合一"的国民教育制度；改小学为国民学校及中心国民学校。1942年春天，国民党九中全会决定中心国民学校、国民学校的校长，在可能范围内尽量改为专任。对于小学教师的聘任，1946年教育部依照国民学校法，规定教师初聘以一学期为原则，续聘任期为一年。

建国后，随着国民经济恢复任务的完成，有计划的经济建设的全面展开加快了对旧教育进行改造的步伐。1952年9月教育部发出指示，决定自1952年下半年至1954年，将全国私立小学全部由政府接办，改为公立，这项工作到1956年基本结束。为了保护儿童的身心健康，使之获得全面发展，1952年2月，教育部专门发出了《关于废止对学生体罚的指示》，要求对儿童坚决采取说服教育和民主管理的方式，废止体罚。对于体罚学生的校长和教师要给予适当的惩处。建国初期，党和国家对小学的管理同普通中学一样，采取统一领导，分级管理的体制。1952年3月，教育部颁发试行《小学暂行规程（草案）》，对各级教育行政部门的职权作了以下规定：1. 教育部编写小学各科教学大纲；统一编辑小学课本；规定小学儿童生活指导标准；规定小学建筑和设备标准。2. 省、市、自治区教育行政部门按照本地情况订定小学教师、职员编制标准；订定小学经费开支标准。3. 市、县教育行政部门决定市、县所办小学的设立、变更、停办；核定由区、乡、镇、街、村人民代表会决议的群众办小学的设立、变更、停办；统一领导公办或私办的小学。我国进入大规模经济建设时期以后，对各级各类学校培养人才的数量和质量都提出了更高的要求。1953年11月中央人民政府政务院发布了《关于整顿和改进小学教育的指示》，为进一步改进和发展小学教育作出如下的规定：1. 从当前教育建设的可能条件与人民群众文化要求的实际情况出发，今后几年内小学教育应在整顿巩固的基础上，有计划有重点地发展。2. 根据不同的情况，采取多种形式，提出不同的要求来办小学教育。3. 今后在相当长的时期内，小学生毕业后，主要是参加劳动生产，升学的还只能是一部分。因此，在学校平时教育中还不应片面强调如何升学，而应强调如何从事劳动生产。4. 学校中心任务是搞好教学，校长和教师的主要工作是教学，学生的主要任务是学习。为此，应纠正师生过多参加社会活动和校内非教学活动的倾向。5. 提高小学教师质量。6. 农村小学尚有相当数量的超龄生，这是革命胜利后劳动人民要求学习文化的一种好现象，人民政府应予以照顾。7. 由于师资和教材等条件准备不足，小学五年一贯制暂时停止推行。小学学制仍沿用四二制，分初、高两级。8. 要切实关心小学教师的政治待遇与物质待遇。9. 加强小学经费的管理和使用等。1963 年 3 月中共中央颁发了《全日制小学暂行工作条例》（简称《小学四十条》）。《小学四十条》共 8 章 40 条，包括总则、教学工作、思想品德教育、生产劳动、生活保健、教师、行政工作、党的工作和其他工作 8 个部分。其中对校长职责、学校行政工作与党的工作的关系作出了具体规定。《小学四十条》颁发后，各省、市、自治区首先选定了一部分领导、师资、设备等条件较好的学校试行，待取得经验后，逐步扩大试行范围，在全国各地推行。1978 年 12 月，党的十一届三中全会对教育工作提出了一系列新的方针和政策，教育事业在贯彻和实施这些政策中，逐步得到了全面的恢复，并且走上了蓬勃发展的道路。总结十一届三中全会以来我国小学的学校管理工作的发展状况，大致可从以下五个方面入手。

（一）我国现阶段的各类小学行政管理特点

1. 地方负责，分级管理。中央关于教育体制改革的决定确立了基础教育的"地方负责，分级管理"的原则，实现了基础教育行政管理的地方化。基础教育的管理权属于地方，除大政方针、宏观规划、学制、教学制度、教学内容、课程设置、教科书的审订由中央国家教委确定外，各项具体政策、制度计划的制订和实施以及对学校的领导和管理交给地方。根据不同地区的实际情况，分阶段、有步骤、按质按量地在各级政府的领导下把学校办好。

2. 学校数量众多，布点相对分散。我国小学教育战线的现状是：全国共有 70 多万所小学，小学生 1.3 亿人，其中有 96.6％的学校设置在县镇和农村。另外，在农村小学中还设有 15.7 万处小学教学点，分布在地广人稀、交通不便的牧区、山区和边远地区。根据我国各地经济、文化发展的不同水平，《中共中央关于教育体制改革的决定》把全国分为三种不同类型地区：第一类地区，包括城市、沿海各省中的经济与文化都比较发达的地方及内地发达的地方。这类地区大多数县的小学教育已经普及，城市也已基本普及了初中教育。因此，这类地区小学行政管理的重点是要通过强化学校内部的管理，全面提高教育质量。第二类地区，是当前处于中等发展水平的县镇和农村。这类地区的大部分县、镇已达到了普及小学的要求。因此，小学行政管理的重点与第一类地区的学校一样，既要全面提高教育质量，又要在改善办学条件和培养建设具有合格的、优良的教师队伍上下功夫。第三类地区，是目前经济发展不快、教育基础十分薄弱的地方。这类地区需紧密地把办学与群众的生产、生活需要结合起来，采取各种有效措施，在 20 世纪末普及小学教育。农村小学的行政管理还要注重结合当地的特点，改革教学内容，加强学校与社会生活的联系。

3. 隶属关系多样，管理机构设置不一。我国深化教育体制改革的重要内容之一，就是建立起以政府办学为主体、社会各界共同办学的体制。目前，我国小学在纵向管理体制上，由于对小学实行了分级办学、分工管理的原则，把办学责任交给了县、乡、村各级领导，从而有隶属关系不同的县（区）中心小学、实验小学或示范小学、乡（镇）中心小学、完全小学和村小。在横向管理体制上，则有企业、厂矿、社会团体和私人举办或管理的各种类型的小学。城镇小学一般设有校长、副校长、教导主任、总务主任等职务，设置有教导处、总务处等行政管理机构；农村小学包括乡（镇）中心小学、完全小学和村小，学校管理人员的配备和行政管理机构的设置则有较大的不同。这种隶属关系多样，学校规模与办学形式不同，以及管理人员和机构设置各异的情况，适合于我国幅员广阔、学校数量众多和因地因校制宜的特点，以形成各自管理运行的有效管理机制，最大限度地办好学校。

（二）小学行政组织机构

全日制小学的行政组织机构，一般设有校务委员会、教导处、总务处，教育教学业务组织有年级组或按学科成立的教学研究组。非行政组织机构有党支部及其领导下的群众组织，包括教职工团支部，教育工会和少先队。全日制小学由校长主持校务委员会。校务委员会的主要职责是讨论贯彻上级党委和教育行政主管部门关于教育方针政策的指示，坚持社会主义办学方向，研究讨论学校工作的重大问题。教导处的主要职责是负责全校教育、教学工作和课外活动的安排，组织管理学籍、课本、课表、考核、考勤、图书、统计、卫生保健、资料、档案等教务行政工作。总务处的主要职责是负责后勤工作的组织管理，包括会计、出纳、物资的采购保管、校舍设备的维修和基建，师生的膳食和生活管理等项目。分年级或学科组成的教研组是教学研究的组织，主要职责是组织教师实施教育、教学和研究工作，交流总结教育教学经验，提高教师的思想业务水平，提高学校教育教学工作的质量。我国县以下（含县）农村小学在校学生约占全国小学生总数的92％，基础教育实行地方负责分级管理以来，省、地（市）、县、乡（镇）四级在明确各自职责的基础上，对农村基础教育加强了领导管理。乡（镇）成立了管理教育机构，多数地区称为乡（镇）教育委员会，由乡（镇）政府、企业、学校负责人和财税部门等有关人员兼职组成，配备了教育助理。

有些地区由学区中心小学校长兼任教委负责人或教育助理。

(三)小学领导体制的变化轨迹

建国以来，我国小学内部的领导体制经过了多次变革，实行过以下几种主要的领导体制：①校务委员会制。解放初期，大中小学一般实行校务委员会制，由进步的教职员工代表组成。这种体制，当时起到了维护学校秩序，发扬民主，对学校进行初步改革的作用。②校长负责制。1952年3月，经政务院批准，由中央教育部颁发的《小学暂行规程(草案)》规定："小学采用校长负责制。设校长一人，负责领导全校工作。"这种体制，在当时，对贯彻党和政府的方针、政策和保证学校教学工作的正常进行，起到了很好的作用。③党支部领导下的校长负责制。1957年整风反右后，校长负责制被否定。1958年9月，《中共中央、国务院关于教育工作的指示》中指出："一切中等学校和初等学校，也应该放在党委的领导之下。"根据这一精神，在城镇小学逐渐成立了党支部，实行在党支部领导下的校长负责制；在广大农村小学，教师党员很少，以联合学区(即行政区)为单位建立党支部，实行联合学区党支部领导下的校长负责制。这种体制实行后，在加强学校的政治思想工作方面起到了一定的促进作用。④当地党委和主管的教育行政部门领导下的校长负责制。60年代初，中央教育部总结了建国以来的经验教训，于1963年3月，颁发了《全日制小学暂行工作条例(草案)》，规定"校长是学校行政负责人，在当地党委和主管教育行政部门领导下，负责领导全校的工作"。"学校党支部对学校行政工作负有保证和监督的责任"。这种体制，使学校党政职责比较分明，突出了以教学为中心，校长发挥了较好的作用。同时，党支部也加强了学校的政治思想工作。⑤党支部领导下的校长分工负责制。1978年全国教育工作会议之后，教育部重新颁发了《全日制小学暂行工作条例(试行草案)》，规定"全日制小学实行党支部领导下的校长分工负责制。学校的一切重大问题必须经过党支部讨论决定"。这种体制对当时克服混乱局面，使小学工作走向正常，发挥了积极作用。实践证明，这种体制也有不少弊端。主要表现在：①党支部书记和校长的职责不明，党支部包办代替了行政工作，使校长难以发挥作用；②形成书记—校长—教导主任—教职工四个层次，"领导"与"责任"分离，工作效率降低；③学校是在党支部领导下开展工作的，不利于上级教育行政部门检查领导工作，不适应社会主义现代化建设和教育事业发展的需要。因此，在1985年5月29日公布的《中共中央关于教育体制改革的决定》中，明确规定："学校逐步实行校长负责制。"这是我国学校内部管理体制的重大改革。

（四）学校内部管理体制改革

我国中小学内部管理体制改革的重点是改革学校内部的领导体制和劳动、人事、分配制度。总结几年来全国各地小学具体实行学校内部管理体制改革的经验，主要有以下四个方面：

1. 实行校长负责制。校长是学校的法人代表，对政府主管部门承担学校管理的全部责任，对学校教育、教学和行政管理全面负责，统一领导。在有关法律、法规和规定允许的范围内，校长有权对学校的教育、教学和各项行政工作进行决断和统一指挥。根据区县干部管理权限的规定，校长有权提名或聘任副校长和中层干部，有权合理支配和使用学校的资金，有权结合本校的实际改革本校的分配制度。在扩大学校办学自主权、赋予校长权力的同时，校长有明确的责任目标和工作要求，并作为考核的依据。校长的选拔和任命是根据党管干部的原则，经过推荐（也可自荐）、干部管理部门考察、民主评议、政府主管部门的党委（党组）审批等程序进行的。上级主管部门除对校长的工作进行指导、检查外，还进行阶段性的考核，胜任者继续连任，不适宜任职者免职或调整工作。在实行校长负责制的同时，加强学校党组织的建设，充分发挥政治核心作用。中小学党组织的政治核心作用主要体现在：①充分发挥党支部的战斗堡垒作用和党员的先锋模范作用；②对本校的思想政治工作实行统一领导、统一规划、组织协调、督促检查；③对本校的发展规划、工作计划、重要工作和改革方案等要认真讨论，提出意见，参与决策；④考察和讨论校长对副校长以及中层干部的提名和任免；⑤领导学校的教职工大会、工会、共青团等群众组织。实行校长负责制以后，校长必须依靠教职工办好学校，以教职工代表大会为基本组织形式，实行民主管理、民主监督，实行校长负责制决不是校长一人说了算。

2. 实行教职工聘任制，逐步建立、优化教职工队伍的机制。聘任的原则是定编制、定岗位、定职责、定条件，按照核定的编制和一定的程序聘任教职工。要任人唯贤，择优聘任，不符合教师条件的人员不聘任其做教育、教学工作，使教职工队伍形成合理的知识结构和年龄结构。在实行教职工聘任制的同时，学校必须加强思想政治工作，加强教师培训，不断提高教师的素质，还要做好接收、安排新教师和储备合格教师的工作，推动教师的合理流动，多渠道妥善安置未聘人员。

3. 实行工资总额包干。在核定学校编制的前提下，按照工资总额的内容核定学校的工资总额（包括基本工资、奖金、政策规定的津贴和部分福利性津贴），在此基础上再加上每人每月一定的增资额作为基数，由有关部门对学校实行工资总额包干。增资资金由市、区（县）、乡（镇）财政和学校创收等多渠道筹措。工资总额包干以后，原则上增人、减人均不增减工资总额。凡因国家规定调整工资、津贴标准和职评增资，以及上级核定增加编制等需要增资的均按规定相应增加工资总额。学校在核定的工资总额包干基数内实行校内结构工资制，贯彻按劳分配原则，适当拉开分配档次。

4. 实行校内结构工资制。这是校内分配制度的改革，目的在于进一步贯彻按劳分配原则，根据教职工劳动的数量和质量，合理拉开分配档次，形成持续、稳定地调动广大教职工积极性的机制。校内结构工资包括基本工资、课时和职务津贴、工龄和教龄津贴、奖励工资等四个部分。教职工个人的工资是这四部分之和，每月的收入都不固定。基本工资是校内结构工资的基础部分，每月固定发放。一些学校把教职工的档案工资的大部分定为基本工资，小部分实行浮动；还有一些学校把全部档案工资定为基本工资。工龄、教龄津贴主要是体现教职工从事教育工作年限的工资，随着工龄、教龄的增长而增长。课时和职务津贴主要是体现教职工工作责任和工作量的工资。教师有课时津贴和班主任津贴。课时津贴有两种计算方法，一是按实际课时数计算，二是按各学科、各年级教师的课时标准，分为满课时、不满课时和超课时三个档次。干部、职员、工人的职务津贴是根据职务、岗位责任、劳动数量等因素分为几个等级，每年经过工作考核以后实行上下浮动。奖励工资主要是体现教职工工作绩效和工作态度的工资，以教职工工作考核结果为依据，分为几个等级，每学期或每学年发放一次。

实践表明，中小学内部管理体制的改革涉及到观念的更新、机制的转换、利益的调整，工作非常复杂。因此，各地政府都把学校内部管理体制改革作为本地重要改革项目之一。各地各级政府及教育、财政、人事、劳动部门通力合作，组成学校内部管理体制改革小组，积极支持和领导改革。他们一方面加强调查研究，总结推广成功的改革经验，另一方面为改革提供政策和资金保证。如北京市有关部门先后制定了《北京市中小学逐步实行校长负责制的若干意见》和补充意见；《关于当前进一步深化中小学改革的意见》以及《中小学教职工聘任制暂行办法》、《工资总额包干办法》等文件，使学校的改革有方向、有政策、有依据。根据改革的需要，多渠道向学校提供改革资金，大力支持学校实行校内结构工资制，提高教职工的工资待遇。仅 1992 年一年，北京市、区财政在正常教育经费之外为中小学校拨出用于校内结构工资的专款近 5 000 万元，乡（镇）财政拨款 813.19 万元。此外，还支持学校发展校办产业，从校办产业收入中又为学校结构工资投入 6288.03 万元。

（五）教学管理

教学管理是学校管理的核心，它可以发挥指向作用、协调作用和激励作用。因此，近年来各地小学都把优化教学管理作为学校教育教学改革的一项重要内容来抓，在改革实践中不断研究、探索，总结出了一些有价值的做法和经验。在组织领导上，一些学校正逐步实行三级管理，分层把关。一级是由校长决策、教导处执行的校级指挥系统。具体制定学年、学期和专项性的教学工作规划，指导、协调、检查和考核学校教学和教研工作；二级是由教研组长负责的中层管理系统。负责本学科落实学校的教学规划。具体制定本组的教学和教研工作计划，进行教学研究，推广教学经验，传播教学信息；三级是由年级备课组长负责的基层管理系统。安排落实学校和教研组的教学计划，进行集体备课，解决本学科教学中存在的问题，具体落实教学目标。在人员配置上，各地都在积极实行岗位责任制，采取小循环或大循环的跟班制。小循环，教师从一年级跟到四年级，从五年级跟到六年级；大循环，从一年级一直教到六年级，然后再回过头来从一年级教起。这样安排的好处是：有利于教师了解学生、有的放矢地进行教育和教学；有利于教师掌握熟悉整个教材的体系，不断提高业务水平和教学质量；有利于密切师生关系，调动教与学的积极性；有利于教师工作的考绩。在此基础上，各地围绕着落实教学常规，整顿教学秩序，加强教学管理，促进教学改革这一主题，开展了多方面工作。第一，备课从严。学校要求教师：①按教学计划和大纲的规定备足课时；②强调根据少年儿童的认识特点、教材特点，分析把握知识点和能力点，全面体现教学大纲的要求；③强调因材施教和手脑并用，把培养学生的创造性思维贯穿于教学之中。年级组长每月检查一次教师备课本，要有签字，有反馈。学校每学期检查教师备课本一次，抽查一次。第二，优化课堂教学。一些学校要求教师在课堂教学的过程中努力做到："结构严密、思路清晰、层次清楚、重点突出、形式多样、重视反馈。"并提出：①重视"六大设计"。这六大设计是指课堂教学结构设计、提问设计、板书设计、教具与学具设计、练习与作业设计以及环境设计；②提高"六个效率"。这六个效率是指学生发言率、练习率、动手操作率、预复习率、质疑问难率以及电教媒体使用率；③教师自觉灵活运用"六大类"教学形式。具体包括对话式、观察式、游戏式、操作式、练习式及竞赛式。同时，学校领导班子要有目的、有计划、有准备地深入课堂听课，这是进行教学管理的重要措施之一。有些学校总结出领导听课必须坚持"九看"：一看教学目的是否明确、具体；二看课堂教学结构是否清晰、严密；三看教学内容的重点、难点是否突出、准确；四看教学时间的利用是否充实、合理；五看教学方法的运用是否灵活、恰当；六看板书设计是否科学、精炼；七看教态是否自然、亲切；八看作业练习布置内容是否保质保量；九看学生的接受情况。每学期学校领导听课，每人不少于 60 节。第三，创造良好的教学气氛。主要体现在三个方面，一是善于挖掘教材中的情感因素，以情感染学生。二是充分调动教师的内在动因，主动与学生建立起亲密、和谐的联系。尤其是要对基础较差的学生多一份关心与爱心，防止两极分化的形式，提倡教师"把微笑带进课堂"。三是恰当利用教室、走廊、教学楼、办公楼及校园等教学环境，使其产生和发挥教育学生、净化学生心灵的作用。第四，切实抓好考评工作。在搞好终结性评价的同时，更加重视形成性评价，充分发挥其检测、反馈的功能。这对保证形成素质教育的教学管理机制起着不可替代的作用。因此，各地小学都建立了严格的学生质量综合评价和教师工作质量综合评价的制度，并采取各种灵活的评价方式。如北京市光明小学规定，学生学期学科成绩要由随堂记评（占 10％）、作业（占 20％）、单元练习（占 30％）、期末考试（占 40％）四项成绩组成。这就使教师必须对学生学习的全过程予以充分的重视。学校还对一年级学生采取旨在叫他们体验成功的乐考办法，各班教师根据学生的不同水平在语文、数学等学科出智力游戏题，由学生自选解答，成绩评定则用五星、红旗、红花表示。学校把教师工作质量分解为基本素质、工作状况和工作效果 3 项一级指标 14 项二级指标，满分为 100 分，最能反映教师综合素质和能力的课堂教学，权重分数最高，为 20 分。并把备课、作业批改、辅导也纳入了工作质量综合评价内容里，建立了检查、抽查记录制度。

第七节　改革趋势

改革开放以来，我国的基础教育及其课程教材经历了 20 多年的改革与发展。在世纪之交的今天，已经取得了丰硕的成果，为提高我国国民素质和造就成千上万的人才作出了巨大的贡献。但是，处于转型时期的经济和社会发展给基础教育改革提出了新的要求，赋予了新的使命。课程教材改革作为整个教育改革的核心问题，目前所受到的关注日益突出，批评和变革的呼声越来越高。教育界乃至整个社会对基础教育课程教材提出了许多尖锐的批评意见。那么，基础教育课程教材到底存在什么问题？这些批评意见对未来课程教材改革的走向会产生怎样的影响？这是我们必须要研究的问题。

如何评价 20 年来的基础教育课程改革，这是一项相当复杂的工作，需要进行大量的调查和统计分析。需要对基础教育与社会经济发展之间的关系作科学的研究。特别需要强调的是，由于教育对社会经济发展和人才成长发生作用的滞后效应，现在就要对改革开放后的基础教育作出一个全面、客观的评价似乎为时尚早，也许再过十年才是恰当的时机。因此，在对基础教育课程教材或其某一方面做出批判和否定的评价时必须恒之又慎，盲目的轻率的否定于改革和发展不利，而针对现实的具体问题提出建设性的意见才是正确的态度。

当前，《中共中央国务院关于深化教育改革全面推进素质教育的决定》中提出的重大改革措施，给基础教育课程改革指出了更明确的方向，注入了新的活力，带来了光明的前景。按照素质教育的要求重新审视我国的基础教育课程教材，以培养学生的创新精神和实践能力为重心，更新课程观念。改革其中落后的不符合时代要求的方面是当务之急。

但是，任何改革的过程都不会是一帆风顺的。如何处理课程改革的继承性、复杂性和前瞻性？这是应当认真考虑的问题。必须对改革可能出现的偏差和误区有所预见，作好足够的准备。从战后国际教育改革的发展情况可以看到，如果不对课程改革的复杂性、前瞻性有充分的认识，改革就有可能成为一相情愿或纸上谈兵，或大起大落导致最终失败。学校课程是培养和造就未来人才的蓝图，它涉及人的培养和发展的共同要求和不同层次、不同规格，涉及教育系统工程的方方面面，牵一发而动全身。全社会的广泛参与和观念的转变与更新，是课程改革顺利进行并最终获得成功的先决条件。理想的课程要转化成为实践的课程，需要理论工作者、行政管理工作者和广大中小学校长、教师的共同努力。要防止课程改革走入急躁的、急于求成的误区，出现政策和实践相互脱节的空壳化的情形。实践证明，试图毕其功于一役，通过一次改革解决所有问题的做法是注定要失败的。课程改革从来都是一个渐进的过程，是一个继承和革新并存的过程，是一个波浪式前进的过程。简单地把当前和未来的课程发展按改良或改革来作观念和现实上的区分是不恰当的，只能引起人们对课程改革认识的混乱和误解。

以上述指导思想来思考与分析当前我国课程改革的问题和趋势，也许能够有更清楚的认识，并从中寻找答案。我们试图从以下 8 个方面来把握课程改革的整体趋势。

一、课程改革以学生发展为本的趋势

以学生发展为本的课程，是注重全体学生全面发展与个性差异相统一的课程。这就要求把课程改革建立在脑科学研究、心理学研究和教育学研究的基础之上，把学生的发展作为课程开发的着眼点、初目标。这里至少要处理好以下几对关系：第一对关系是学生发展与学科体系、社会需求的关系，即儿童与知识、社会的关系。这三者的关系是动态平衡的关系。以学生发展为本决不是以儿童为中心。学生发展离不开学科体系的教学。同时，学生发展既是根据社会需求又是为了更好地为社会需求服务。当前，以学生发展为本主要是针对学科本位论而提出的。这里所说的学科本位论的主要表现，一是过分强调本学科的完整性，以致忽视儿童的身心特点和社会需求；二是只强调本学科的重要性，而忽视了各学科相互配合的整体效应；三是只强调学科课程、学科教学，而忽视活动课程、活动教学的作用。第二对关系是学生与教师的关系，即主体与主导的关系。未来教育越来越明显的特征之一就是学生发展的主体性、主动性将显得越来越重要。第三对关系是智能发展与知识传授的关系，一方面，智能发展有赖于以知识传授为基础；另一方面，知识必须转化、升华为智能，才可能最迅速最有力地推动经济和社会发展。这应当是"知识经济"的正确含义。第四对关系是智能发展与人格发展的关系，两者既有联系，又不等同。

总之，学生发展的内涵同素质教育是完全一致的，不仅必须注重全体性、全面性、主动性，而且必须注重发展的差异性、持续性。个性、潜能、创新精神和创新能力、社会实践能力等等，成为目前课程领域的主流词汇，这对我们树立现代的、科学的课程观是极大的推动。

二、从"双基"到"四基"的趋势

20 世纪 80 年代以来，一些课程权力相对分散的国家如英国和美国。通过立法和其他手段，逐步确立了每个学生都必须要学习的国家课程，即核心课程和基础课程。并组织力量编制了各门课程的国家标准，强调要坚持基础学科初学科基础知识的教学。这与我国基础教育领域长期形成的坚持基础知识、基本技能教学的"双基"论形成不谋而合之势。

但值得注意的是，对"基础"的理解有了新的变化。仅仅坚持双基的课程与教学是不够的，现代社会对公民和人才的素质提出了新的要求，特别是要求培养学生具有基本的能力，以适应经济和社会发展向我们提出的挑战。权威的国际 21 世纪教育委员会 1996 年在题为《学习——内在的财富》的报告中提出了 4 种支柱性的基本能力，一是学会求知的能力，二是学会在应变中做事的能力，三是学会共处的能力，四是学会生存和发展即学会做人的能力。此外，飞速发展的经济和社会还要求学校养成未来公民应有的基本观念和态度，尤其是理想与道德观念，纪律与法制观念，民主与参与意识，使命与责任意识，等等。所以，学校课程的基础实际上已经由双基发展为"四基"。也就是说，基础教育课程改革既要加强学生的基础性学力，又要提高学生的发展性学力和创造性学力。

由于我国理论界和广大教师对双基的重视，已经形成了一套行之有效的理论和方法，教师比较熟悉双基教学的操作程序，基础知识和基本技能的教学可以得到很好的落实。我们欠缺的是对基本能力和基本观念态度进行理论与实际操作程序相结合的研究和实践。但是我们也应当防止出现一强调基本能力和基本观念态度，就忽视甚至否定双基教学的偏向。任何事情都是过犹不及，物极必反，对此，必须保持清醒的头脑。

三、加强道德教育和人文教育的趋势

道德情操的养成是一个世界性的问题。培养学生做什么样的人，怎样做人，这是任何教育都回避不了的问题，而且是首先必须解决的问题。从古至今人们对此做了大量的探索。观念、态度和价值体系的传递在教育和社会教化中的极端重要性是不言而喻的。特别是在当今社会全球化、网络化迅速发展的情况下，道德教育的重要性和难度都加大加重了。我国社会的进一步改革开放和经济市场化的过程，给学校德育带来了新的特殊的难题。知识是力量，而在一定情况下，道德与人格更是力量。道德教育如何才能在学校课程中更好地体现并融为一体，产生有效的德育效应和氛围，是教育研究和实践面临的迫切任务。我国道德教育长期存在着费时多、收效微的问题。解决这个问题的关键不在于增设课程、增加课时、而在于如何改革内容、改进方法，使之联系社会实际，贴近学生生活。道德教育决不只是政治思想品德课的责任，而是各科教学和活动都应承担的责任；不仅要重视正式课程的作用，也要重视非正式课程即隐性课程潜移默化的作用，进而形成学校、社会、家庭三位一体的局面。

科学技术发展给人类社会带来的多变性与人文精神的永恒性，在当今社会已形成为一对尖锐的矛盾。科学技术的发明和创造是一把双刃剑，既能造福于人类也可能给我们带来难以预料的问题甚至灾难。靠什么来驾驭科学技术这匹狂奔的野马呢？专家学者把目光投向了人文学科的教育。未来社会不仅充满竞争，而且更离不开合作。人与人之间是这样，单位与单位、地区与地区、国家与国家之间也概莫能外。在竞争中合作，在合作中竞争，这是一条相辅相成的必由之路。科技发展越是迅速，就越是需要人文精神的牵引。人们需要人文精神来指引并确定未来社会发展的方向。国际上近年出现的加大人文学科课程分量的趋势就是这种看法的反映。我国学校教育中数理学科比例较大、人文学科分量偏低的情况值得我们注意。

四、课程综合化的趋势

综合课程的提出与发展缘于对分科教育缺陷的批判。长期以来，课程整合的理想和学科割裂的现实困扰着中小学教育教学。世界不可能囫囵吞枣地进行传授、学习或探索，对世界进行分解和分析加以认识是必然的选择。但是各种分门别类的教育在一个学生身上最终应该发生整合的作用。再者，知识的发展和增长不仅是迅猛的，而且是无限的，而学生在校学习的时间则是个常数，它是短暂而有限的。如何处理无限与有限的矛盾？如何既减轻学生的负担，又提高教育的质量？这是一个永恒的矛盾。

　　解决这个矛盾的根本办法是转变教育观念。改革课程教材体系、结构，改进教育方法。就课程与教学而言，分析和综合是认识世界的两种不同的方式。没有孰优孰劣之分。与此相对应，学校课程中的分科和综合都有各自存在的理由。综合与分科各有自己的优势与不足。分科课程和综合课程的划分也是相对的。根据学生生理心理发展状况和不同阶段学校教育的目标，不同阶段的课程综合具有不同的意义。一般来说，年级越低，综合的程度可以越高一些。义务教育阶段的课程综合比的程度应该高些，特别是科学教育科目应该适当加以综合。到了普通高中阶段，随着学生抽象思维的发展，分科深化的课程体现出的巨大价值早已为人们所认识。世界各国在普通高中阶段都比较重视分科的教学。普通高中的综合课程应是在分科基础上的综合，应成为分科课程的有效补充。当然，随着普及教育结业点的升高，综合课程是否应延伸，这也是值得研究的。

　　我们必须注意克服教育中常常出现的那种以偏纠偏的思维定势，防止以综合的优点来反对分科所具有的长处，防止要改掉的恰恰是要继承和发扬的情形出现。那种动辄以综合课程和分科课程代表不同的教育价值观为借口，不顾学生身心发展的特点和我国教育教学的实际，片面强调综合或分科的优点，试图取代对方的做法是不足取的。可以预料，在我国未来基础教育课程改革中，综合比将给学校课程带来巨大的变化和新的面貌，但学校教育将要产生与遭遇的问题、难题也是空前的。解决问题的关键需要我们认真探索行之有效的综合的模式和方法。我们在课程开发和教学中应采取实事求是的态度，该综合的坚决综合，该分科的坚持分科，综合中有分科，分科中有综合，取长补短，相得益彰。

五、课程社会化和生活化的趋势

中小学学术科目因过分追求学科体系结构的完整性和纯洁性而走入"高筑墙、深挖洞、广积粮"的误区，使我国课程总体上脱离社会实践，脱离学生生活的倾向仍然很严重。特别是表现在中学的一些逻辑性较强的学科上，这种情形更为明显。这种误区的出现首先是对基础教育特别是义务教育为公民基本素质教育的这一本质特点认识不足，学科专家把出发点放在为学科后备人才的培养打基础上造成的；其次，它与课程编制者没有切实认识到实践和生活的教育价值，没有把实践和生活当做学生认知发展的活水来看待有关。

加强课程与学生生活和现实社会实际之间的联系，使它们更有效地融合起来，并不是要使课程脱离学术的轨道，而是给已经经过几百年的发展而充分学术化了的课程增添时代的源泉和生活的活力。把中小学的通识教育和劳动、技术、职业教育适度融合起来，通盘考虑，是许多国家通常采用的做法。我国多年来也一直在这一领域探索，但似乎还没有形成真正有效的途径和方法。劳动、技术、职业教育与通识教育如何结合才算"适度"是最难把握的。历史证明，普通中小学总是在这个"适度"的左或右来回徘徊折腾，有时甚至滑向严重影响教育质量的方向。对于过分强调通识教育或劳动、技术、职业教育对普通中小学和社会发展带来的负面作用，我们应该有充分的认识。

六、课程体系三级管理的趋势

早在 1989 年，笔者之一参加原国家教委组织的中小学课程改革赴英考察团，回国后写的一系列研究报告中，就提出了三级课程、三级管理的建议。十年后的 1999 年，在《中共中央国务院关于深化教育改革全面推进素质教育的决定》中，正式提出了"建立新的基础教育课程体系，试行国家课程、地方课程和学校课程"即三级课程、三级管理(见决定第 14 条)。显然，中央的决定是从我国实际情况出发的，同时也借鉴了国外的先进经验。这说明，即使是一个正确的理念、政策或措施，也需要从自身的实际出发，经过反复的理论探讨和实践摸索，才有可能成为现实。这里，既要考虑国情的条件，又要有时间的准备作为保证；而全盘照搬或立即照搬的做法是不可取的。

对于三级课程、三级管理的含义要正确理解，它不仅要求在课程管理权限上应当分级(包括课程设置的门类和课时)，更重要的是，下一级课程对上一级课程必须既坚决执行，又创造性地自主地开发。那种把国家课程、地方课程初学校课程机械地割裂开来的做法，那种把学校课程仅仅理解为活动课程和任选课程的做法，都是认识上的误区，应当努力改变。唯有如此，我们的中小学才能既保证有统一的基本要求和质量，又办出各自的特色，更好地因地制宜，因材施教，永远充满生机和活力。

世界各国的教育虽然千差万别，但是也必然有共同的规律可以探寻、可以遵循。异中有同，殊途同归，正是我国与美英等国当前课程改革发展看似相反、实则相成的态势。即都在致力于寻找集中统一与分散多样的最佳结合点，以提高教育质量为旨趣。

七、课程个性化和多样化的趋势

课程个性化的问题实际上也是因材施教的问题。在班级授课制的情形下，教师面对众多的不同资质、不同程度、不同特点的学生，很难做到因材施教。即使最大限度地采取各种措施，也难以获得理想的效果。几百年来，人们在课程教材和教学领域不断地探讨，企求有所突破。目前的课程改革，个性化依然是我们要坚持追求的目标。江泽民总书记指出："创新是一个民族进步的灵魂，是国家兴旺发达的不竭动力。""每一个学校，都要爱护和培养学生的好奇心、求知欲，帮助学生自主学习、独立思考，保护学生的探索精神、创新思维，营造崇尚真知、追求真理的氛围，为学生的禀赋和潜能的充分开发创造一种宽松的环境。"我们的课程改革对此可以而且应当大有作为。中小学课程既要体现共同性，又要体现差异性、层次性，即个性。在一定意义上可以这样说，没有个性就没有创新。应该注意到，实施个性化的课程和教学的条件正在发生变化。信息技术的发展、多媒体计算机和网络在学校中应用范围的日益扩大，给课程个性化和教学过程的因材施教带来了新的机遇，创造了前所未有的条件。课程个性化的时代内涵就是要利用新技术带来的可能和机遇，为各种不同特色的学校和不同程度、不同层次的学生，开发和提供相适应的课程和教材，促进教学过程的因材施教。

课程多样化尤其是课程内容的载体即教材的多样化，是我国各地教育发展不平衡的客观需要，是适应学生差异性的需要，也是当前市场经济条件下通过竞争促精品的需要。基础教育教材的改革要坚持走多样比的道路。这是确定无疑的正确方针。但是，对于教材的多样化应有正确的理解。首先应当坚持统一的基本要求这个前提，明确发展多种多样教材的目的；其次，多样化不等同于地方化，也不等同于数量化，多样化教材必须与差异性、层次性结合在一起，即多种多样的教材必须是各具特色的，相互之间在编制风格和适应对象上都应该具有明显的区分；第三，它还必须和课程教材的可选择性结合起来，使不同特色的学校甚至不同特点的学生能够根据自身情况，独立地、自主地、不受干扰地对各种课程教材作出合理的选择。只有这三方面的条件具备了，课程教材的多样化才可能得到真正的实现。

八、课程与现代信息技术结合发展的趋势

现代信息技术的飞速发展及其日益在学校教育领域应用的局面，

给学校教育带来了发展的机遇，也使学校教育再次面临严峻的挑战。现行学校教育方式在未来社会的前景如何？信息技术的发展最终会为教育方式带来什么样的变革？这在今天是一件难以预料的事。但我们应该清楚，现行教育方式或课堂教学方式并不是自古已然、天经地义的东西，它本身也是通过变革和发展而确立的，它适应的是以纸张为载体的印刷时代的要求。

教学方式的变革可能是这个时代教育将要发生的变化中最突出的特征。学生在课程和教学中的主体地位，学生的主动学习、终身学习，无疑将日益突显。学校课程以及课程内容的载体（教材）将越来越不是学生学习的唯一渠道，或者说，课程、教材的内涵与外延将发生越来越大的变化。显然，把教科书作为圣经一样来进行解读是陈旧的、过时的学习方式。如何开发利用课程和教学资源。是课程教材编制面临的新的重大的课题。在资源的选取上，古老的问题"什么知识最有价值"被赋予了新的答案。那些有利于学生学会学习、学会思考、学会创新和发展的资源在新的教育价值观的引导下，将会逐步占据主要地位。

最后，还有两个趋势也是值得高度重视的。一是我国基础教育课程教材改革必将进一步沿着法制化的轨道健康前进。也就是说，无论机构变动如何，也无论人事更迭如何，都将致力于探寻客观规律、遵循客观规律，有法可依，有章可循，处理好继承、改革、创新、发展的关系。二是我国基础教育课程教材建设与改革的体制必将更加健全，队伍必将更加巩固，机制必将更加合理。既有领导、管理机构，又有研究、开发机构，还有审议、评价机构。既有国家队，又有地方队，既有专业人员，又有兼职人员，既有教育专家、心理专家、课程专家、学科专家的投身，又有社会各领域专家和各界人士的参与。任人唯贤，知人善任，唯才是举，量才录用。这样一支队伍，既相对稳定，持之以恒，又适时调整，及时更新；既充满使命感、责任感，又各司其职、各负其责。

目前，我国基础教育课程改革发展迅速，课程理论研究正面临极大的挑战和极好的机遇。课程改革实践呼唤科学的课程理论给予指导，而科学的课程理论不能脱离课程改革实践的源泉，也不能没有课程改革实践的检验。教育行政领导、管理机构应当是理论研究与改革实践之间相互联系、相互结合的最好的纽带与桥梁。教育行政领导、管理机构的作用不可低估，责任非同小可。对此，我们必须有足够的认识。

第七章　世界初等教育的发展趋势

当今世界科技发展日新月异，尤其是近二十年来，以信息技术为主导的新科学技术革命席卷了世界各地。它不仅从根本上改变了现有的生产结构和社会结构，同时还将彻底改变人类工作方式、学习方式、思维方式以及文化、伦理价值观念等许多方面。21世纪是信息化社会，它充满了机遇和挑战，而机遇只垂青于那些做好充分准备的国家。从现实出发对初等教育的未来发展作一些必要的研究和估计是必要的。纵观当前政治多元化、经济竞争国际化和科技发展的信息化等时代特征对初等教育已经产生和即将产生的影响，我们认为未来初等教育在培养目标、教学内容、教学方法、教学组织形式、教学手段等方面都将产生相应的变化。

1. 培养目标的全面化

随着科学技术的迅猛发展，社会对人的知识和能力的要求越来越高。在过去时代，只要求培养出在某一领域非常专业化的人才，就能在劳动领域占有一席之地。如今，科学技术发展朝综合、整体方向发展，面对复杂的社会和生产问题，单凭某一方面或某一学科的知识已不能很好地解决问题，许多问题的解决需要具备跨学科的多种知识。因此，初等教育作为整个教育的基石，不仅要向学生传授系统的知识，更要使学生的能力在各方面都得到充分的发展。基于对当今世界发展的总体趋势认识的基本一致性，世界各国初等教育的培养目标有一定的相似性，主要可概括为以下几点：

(1)学习和掌握与日常生活有关的技能；

(2)理解科学概念、原理和应用；

(3)在飞速变化的世界中成长为自信且有责任感的公民，具有对科学事物的广泛兴趣；

（4）认识到科学方法的有效性和局限性，并了解它对其他学科和日常生活的作用；

（5）对威胁健康的因素有清醒的认识；

（6）形成节约自然资源和保护环境的积极态度；

（7）认识到科学的局限性；

（8）形成对科学及其探究方法的兴趣、好奇心和鉴赏力；

（9）认识到科学是合作性的活动，而且是国际性的合作活动；

（10）懂得科学受社会、经济、技术、政治、伦理和文化等因素的影响和限制；

（11）了解科学知识和科学观念的历史演进；

（12）在学习中掌握并应用信息技术的各种技能。

从上述世界性的初等教育培养目标的基本内容可知，目前初等教育的培养目标正朝全面化方向发展。它既要使学生掌握现代社会需要的基础知识和基本技能，又要注意激发学生的学习兴趣和求知欲，甚至还涉及到培养学生对健康和环境的正确态度。

2. 教学内容综合化

随着初等教育的培养目标从单纯强调"知识中心"向技能、能力、素质全面发展转移，初等学校的教学内容也必须向综合化方向发展。这种课程综合化趋势早在20世纪80年代教育改革中就有所体现，它着眼于后天的、广义的能力概念，强调环境和教育对于学生一般能力的培养，一定程度上纠正了过去偏重智育性和认知性目标的偏差。综合课程作为相对的教育课程形态，超越了传统的分科的界限而按照水平组织的原则，将知识与经验、理论与实际、学校与家庭、社区的有机结合，促进学生个性的和谐统一的发展。

1998年6月，日本文部大臣的咨询机关——教育课程审议会公布了新的中小学课程审议草案，并决定于2002年开始实施。新课程方案的最大改革是增设了一门新课程——综合学习课程。所谓"综合学习课程"，不是一门课程的名称，也没有既定的课程内容，它只是让各地根据自己的实际情况，开设一门让学生进行"综合性学习"的课程。根据新的课程方案，学校在设置这门课程时，要发挥自己的自主权，要让学生根据自己的兴趣、特长等，主动选择学习内容。具体内容，可以是自然、社会方面的体验学习，也可以是观察、实验、调查、情报收集等，也可以是自愿性质的活动。因此，综合学习课程的开设能扭转现行小学教育中过分偏重于文化科学知识的倾向，使学校能够从本校的实际出发，培养能自主、会创造的人。

此外，加拿大、英国也开始推行综合理科课程。课程主要包括了生物、化学、地理、天文、信息科学、环境保护等几个方面的内容。同时，提倡把这一综合课程的学习与学生的生活经验紧密联系起来，评价时注重能力的考查和对实际问题的解决。近年来，德国提出了一种 STS 课程(科学—技术—社会课程)，它已成为世界各国初等教育课程综合化改革的一种新的科学教育构想，目前仍在探索中。

3. 教学手段现代化

初等教育历来是各国教育的重要组成部分，是培养各类人才的摇篮和基地。近年来，随着世界经济、科技的飞速发展，各国综合国力竞争加剧，世界各国投入了大量的人力和物力来完善初等教育的硬件和软件设施，努力实现教学手段的现代化。

近年来，发达国家、中等发达国家在中小学教育改革的实践中都强调，应广泛地运用电视、电影、广播、录音、录像、激光视盘、计算机、复印机等现代化教育技术，来努力提高教育质量。随着信息技术的日益成熟和普及，多媒体技术和网络技术在教育中的应用也越来越普遍。

自 20 世纪 90 年代以来，美国对初等学校的计算机教育给予了更多的重视和关注。1997 年克林顿总统在国会发表再任演说时就提出了"十二岁孩子能联机上网接受媒体网络化教育"的目标，希望"到 2000 年使网络联结所有的教师和图书馆"。为此，国会在五年内提供了 20 亿美元的特别拨款购置设备。1998 年英国在国拨经费中，规定 6％必须作为学校专款专用的微机购置费，以保证英国 20％初等学校能上因特网。英国政府对师资培训的投资也呈增长趋势：1997 年度提供 100 万英镑为中小学教师配备计算机以及联结信息高速公路的中小学课程软件。1998 年拨款 1.02 亿英镑，1999 年拨款 1.05 亿英镑用于训练所有教师使用因特网。1997 年法国教育部长宣布了一项为期三年的多媒体教学发展计划。计划规定，学生必须从初等教育起就参加多媒体学习活动。

此外，计算机辅助教学的产生与发展，是人类教育史上自发明使用教科书以来最伟大的一次进步和变革，它促进了传统教育模式和教育方法、手段的变革，推动了教育现代化的进程，同时在实际运用中，也显示了强大的生命力优越性。

4. 教学方法多样化

以现代化教学手段为依托，现代教学方法的多样化和个性化发展与当今世界多元化的价值观、世界日趋多极化相一致，也与知识经济时代对于人才要求的多样化相一致。目前，除了传统的一些教学方法外，各国竞相研究出各种各样的新方法。

（1）抛锚式教学模式

抛锚式教学模式是 20 世纪 90 年代在约翰·布朗斯福特（John Bransford）的领导下开发的，在建构主义学习理论影响下，以技术学为基础的一种重要的教学范型。抛锚式教学与情境学习、情境认知以及认知的弹性理论有着极其密切的关系，它试图创设有趣、真实的背景以激励学习者对知识进行积极的建构，使教师和学生在这种背景下自由进行探索，从而达到从多个角度去分析和解决问题的目的。

（2）认知学徒模式

众所周知，"学徒制"强调经验活动在学习中的重要性，并突出学习内在固有的依存于背景的、情境的本质。"认知学徒制"是通过让学生获取、开发和利用真实领域中的活动工具，来支持学生在某一领域中学习的一种方法。在传统的学徒制中，完成所学任务的步骤通常易于观察。然而，在认知学徒制中，只有师徒之间思维过程明确且具有一致性时，学习才有可能达到既完善行动又改进潜在过程的效果。

（3）网络教学模式

随着计算机科学技术的迅速发展，网络技术在教育中的应用日益广泛和深入，特别是因特网与校园网的接轨，为学校教育提供了广阔的前景、丰富的资源，产生了一种基于网络教学（Web－Based Instruction 即 WBI)的可能性。

（4）"发现学习"教学法

"发现学习"是在 20 世纪 50 年代末 60 年代初由美国心理学家布鲁纳所提倡的，发现法是一种让学生独立工作自行发现问题并掌握科学原理的一种教学方法。它要求学生利用课本提供的材料和教师提供的信息，通过自己独立思考，找出解决问题的方式和方法，进而形成正确的结论与概念。所以说"发现学习"是培养学生创造性的一种好方法。

（5）合作教学法

合作教学法建立在对小学生生活中最重要的两种活动形式——学习与游戏的相互关系进行论证的基础上。这种教学法是一种能激起儿童兴趣的师生关系体系和一套能鼓励儿童自愿参加教学活动并接受教师影响的对待儿童的方法，旨在改善师生之间强制教学的关系，强调师生之间教学上的和谐关系。

（6）掌握教学模式

掌握教学模式是指根据不同学生的能力倾向来安排学习速度，在教学中有效使用反馈矫正，为学生提供各自需要的时间和帮助，使绝大多数人达到学业规定的教学理论和实践。这种方法是由美国布卢姆等人于 20 世纪 60 年代提出的。掌握教学模式中，强调增进学生学习的时间，一方面可以使教学时间的分配更具弹性，以适应个别需要；另一方面可以使教学时间更有效地运用，即学生自愿用于学习的时间是学习成功的重要变量。

（7）学导式教学法

学导式教学法有广泛的适应领域和适应性能，而且完全能够根据不同的教学需要和教学条件加以灵活变通地发挥效能。学导式教学法是要让学生课前预习，课堂上成为教学过程中认识活动的主体，而要求教师在教学过程中，努力创造使学生的智能可以获得普遍发展的条件和情境，采用各种教学手段，激发学生的求知欲，让学生主动探索。学导式教学法主要由四个环节构成：自学、解疑、精讲、操练。

（8）暗示教学法

暗示教学法，又称启发教学法，它是保加利亚暗示学专家格奥尔基·洛扎诺夫在 20 世纪 60 年代中期创造的，被称为是一种"开发人类智能，加速学习进程"的教学方法。它是基于整体性原理的一种教学法。

总之，这些新的教学方法注重学生主动的探索性学习，旨在培养学生的科学精神和创造能力。这一方面适应了飞速发展的现代科学技术对现代教育的要求，另一方面也是现代课程改革的重要方面。